MOVIMENTO EM CORPOS
CORPOREIDADES, DIFERENÇAS E LAZERES

Editora Appris Ltda.
1.ª Edição - Copyright© 2025 dos autores
Direitos de Edição Reservados à Editora Appris Ltda.

Nenhuma parte desta obra poderá ser utilizada indevidamente, sem estar de acordo com a Lei nº 9.610/98. Se incorreções forem encontradas, serão de exclusiva responsabilidade de seus organizadores. Foi realizado o Depósito Legal na Fundação Biblioteca Nacional, de acordo com as Leis nᵒˢ 10.994, de 14/12/2004, e 12.192, de 14/01/2010.

Catalogação na Fonte
Elaborado por: Dayanne Leal Souza
Bibliotecária CRB 9/2162

M935m 2025	Movimento em corpos: corporeidades, diferenças e lazeres / João Paulo Fernandes Soares, Marília Martins Bandeira e Pedro Henrique Berbert de Carvalho (orgs.). – 1. ed. – Curitiba: Appris, 2025. 181 p.: il.; 23 cm. – (Coleção Educação Física e Esportes).
	Vários autores. Inclui referências. ISBN 978-65-250-6718-6
	1. Corporeidade. 2. Gênero. 3. Lazer. I. Soares, João Paulo Fernandes. II. Bandeira, Marília Martins. III. Carvalho, Pedro Henrique Berbert de. IV. Título. V. Série.
	CDD – 796

Livro de acordo com a normalização técnica da ABNT

Appris editora

Editora e Livraria Appris Ltda.
Av. Manoel Ribas, 2265 – Mercês
Curitiba/PR – CEP: 80810-002
Tel. (41) 3156 - 4731
www.editoraappris.com.br

Printed in Brazil
Impresso no Brasil

João Paulo Fernandes Soares
Marília Martins Bandeira
Pedro Henrique Berbert de Carvalho
(orgs.)

MOVIMENTO EM CORPOS
CORPOREIDADES, DIFERENÇAS E LAZERES

Appris
editora

Curitiba, PR
2025

FICHA TÉCNICA

EDITORIAL Augusto Coelho
Sara C. de Andrade Coelho

COMITÊ EDITORIAL
Ana El Achkar (Universo/RJ)
Andréa Barbosa Gouveia (UFPR)
Antonio Evangelista de Souza Netto (PUC-SP)
Belinda Cunha (UFPB)
Délton Winter de Carvalho (FMP)
Edson da Silva (UFVJM)
Eliete Correia dos Santos (UEPB)
Erineu Foerste (Ufes)
Fabiano Santos (UERJ-IESP)
Francinete Fernandes de Sousa (UEPB)
Francisco Carlos Duarte (PUCPR)
Francisco de Assis (Fiam-Faam-SP-Brasil)
Gláucia Figueiredo (UNIPAMPA/ UDELAR)
Jacques de Lima Ferreira (UNOESC)
Jean Carlos Gonçalves (UFPR)
José Wálter Nunes (UnB)
Junia de Vilhena (PUC-RIO)
Lucas Mesquita (UNILA)
Márcia Gonçalves (Unitau)
Maria Aparecida Barbosa (USP)
Maria Margarida de Andrade (Umack)
Marilda A. Behrens (PUCPR)
Marília Andrade Torales Campos (UFPR)
Marli Caetano
Patrícia L. Torres (PUCPR)
Paula Costa Mosca Macedo (UNIFESP)
Ramon Blanco (UNILA)
Roberta Ecleide Kelly (NEPE)
Roque Ismael da Costa Güllich (UFFS)
Sergio Gomes (UFRJ)
Tiago Gagliano Pinto Alberto (PUCPR)
Toni Reis (UP)
Valdomiro de Oliveira (UFPR)

SUPERVISORA EDITORIAL Renata C. Lopes
PRODUÇÃO EDITORIAL Renata Miccelli
REVISÃO Andrea Bassoto Gatto
DIAGRAMAÇÃO Andrezza Libel
CAPA Lívia Weyl
REVISÃO DE PROVA Sabrina Costa

COMITÊ CIENTÍFICO DA COLEÇÃO EDUCAÇÃO FÍSICA E ESPORTE

DIREÇÃO CIENTÍFICA Valdomiro de Oliveira (UFPR)

CONSULTORES
Gislaine Cristina Vagetti (Unespar)
Carlos Molena (Fafipa)
Valter Filho Cordeiro Barbosa (Ufsc)
João Paulo Borin (Unicamp)
Roberto Rodrigues Paes (Unicamp)
Arli Ramos de Oliveira (UEL)
Dartgnan Pinto Guedes (Unopar)
Nelson Nardo Junior (UEM)
José Airton de Freitas Pontes Junior (UFC)
Laurita Schiavon (Unesp)

INTERNACIONAIS
Wagner de Campos (University Pitisburg-EUA)
Fabio Eduardo Fontana (University of Northern Iowa-EUA)
Ovande Furtado Junior (California State University-EUA)

Dedicamos esta obra a nossos professores e todos os professores que trabalharam em ensino remoto emergencial durante a pandemia da Covid-19, aos trabalhadores da linha de frente da saúde e às vítimas e suas famílias.

APRESENTAÇÃO E AGRADECIMENTOS

Desdobramento da primeira experiência em articular a coletânea *Corpos em movimento: imagens, gêneros e interculturalidades* (2019), a presente obra se propõe a dar continuidade à celebração dos laços dos primeiros pesquisadores do Núcleo de Estudos Educação Física, Corpo e Sociedade (Necos), do campus avançado de Governador Valadares da Universidade Federal de Juiz de Fora (UFJF-GV), com seus colaboradores de grupos de pesquisa de origem e de outras instituições com quem compartilharam temáticas e congressos, como também apresentar os primeiros pesquisadores que realizaram pós-graduação em orientação por membros do Necos.

Alternando análises de fenômenos atuais com ensaios sobre os acúmulos teóricos de temáticas já clássicas, na interface da Educação Física com as Ciências Humanas, esta obra foi estruturada como sua irmã mais velha, organizando em três partes os principais assuntos-eixos do livro e que foram cuidados cada um por um organizador: corporeidades e imagem corporal; gêneros e diferenças nas práticas corporais; e lazeres e políticas.

Recebemos todos os textos que compõem este livro antes de ser anunciada a dimensão global da transmissibilidade do novo coronavírus. Foi um enorme desafio dar continuidade aos trabalhos durante o acompanhamento das notícias sobre a gravidade de sua manifestação, inúmeras fatalidades, deflagração do estado de pandemia, demora da vacinação em nosso país, impedimento das ações presenciais de nossas pesquisas e trabalho conjunto com nossos colegas. Além da adaptação para o ensino remoto emergencial e readaptação ao ensino presencial, junto com significativas mudanças nas vidas pessoais de cada organizador: uma mudança de estado e instituição e dois nascimentos. Por isso, agradecemos profundamente aos autores dos capítulos, que se dispuseram a enfrentar o desafio de escrever para a graduação e público ampliado de maneira didática e aguardar pela conclusão da obra por tanto tempo. Ainda assim, esperamos contribuir com reflexões em direção a uma Educação Física mais acolhedora das diversidades, autocrítica e que não se omita em tratar de frente os imprevistos novos problemas de suas transformações.

Com sinceros votos de que seja uma leitura instigante,

Marília, João e Pedro
Cidades várias, dezembro de 2022

PREFÁCIO

Ao longo do século XX, a Educação Física no Brasil constituiu-se como uma área de conhecimento, formação e intervenção que tem como fenômenos de interesse o corpo e as práticas corporais/cultura corporal de movimento, a partir de perspectivas diversas que perpassam a saúde, a educação, a cultura, a performance, o lazer etc. Em suas múltiplas possibilidades, a área tem conquistado (embora não sem dificuldades) legitimação social e legal, sobretudo, ao fundamentar-se cientificamente e, ao mesmo tempo, manter-se sensível às realidades sociais e suas dinâmicas.

Ao nos aproximarmos dos cem anos das primeiras iniciativas de formação inicial em Educação Física para civis no Brasil, a obra *Movimento em corpos: corporeidades, diferenças e lazeres* representa uma contribuição que soma assertivamente para a área, pois expressa a profusão de saberes com os quais a Educação Física dialoga, valendo-se proficuamente de avanços do campo científico, amparada pela qualificação de seus intelectuais e contribuindo para debates e mudanças sociais prementes.

De fato, a teorização, a reflexividade histórica e a produção científica em busca de aprofundamento técnico-científico, aliadas à ampliação dos modos de pensar e dos fazeres da Educação Física, constroem e reconstroem as bases para que a legitimidade da área não sucumba a crises inóspitas como aquelas que têm se apresentado com diferentes faces neste início de século XXI (socioeconômicas, axiológicas, política, cultural etc.). Movimentos históricos de teorização da Educação Física constituíram-na e ensejaram contribuições para o campo e para a vida em sociedade. Este é um livro que representa bem a perseverança desses compromissos/objetivos.

Desde o título, sinaliza-se a perspectiva plural que se expressa nas temáticas eleitas como foco, nas apropriações teórico-metodológicas, bem como na dinamicidade e complexidade inerentes aos fenômenos em estudo. Sua organização interna reúne textos que se dedicam a objetos de estudos caros à Educação Física, sobretudo em sua relação com aspectos socioculturais que permeiam a compreensão do corpo, das práticas corporais e das instituições sociais com as quais interagem, estruturam-se, confrontam-se e reconfiguram-se.

Diante das exigências das propriedades dos objetos em estudo, a obra abona os leitores com as *expertises* de seus autores que, notoriamente, repercutem na qualidade dos capítulos em si mesmos e também no livro como um todo, dividido em três partes, a saber: Parte I: Corporeidades e imagem corporal; Parte II: Gêneros e diferenças nas práticas corporais; Parte III: Lazeres em políticas.

Todos os capítulos partem de contextualizações socioculturais, fatos históricos, teorias, conceitos e/ou dados que demonstram apropriações epistemológicas robustas, de repertórios nacionais e internacionais, sobre as quais os autores fundamentam suas ideias e pesquisas, mas, acima de tudo, problematizam, agregam e formulam contribuições inéditas. Com uso de linguagem técnico-científica em apresentação didática, os textos têm apelo a públicos interessados na articulação entre os campos da Educação Física, Sociologia, Antropologia, Filosofia, Psicologia, Nutrição e áreas afins.

Na **Parte 1**, mobilizam-se constructos conceituais como: comportamentos e exercícios disfuncionais, exercício intuitivo e imagem corporal. Os conceitos são situados e discutidos em perspectivas conjunturais quanto à crise paradigmática da sociedade do consumo, da informação e da tecnologia, crise essa que ecoa sobre a relação corpo, comida e exercício, bem como sobre modificações de ideais corporais em diferentes contextos históricos.

A imagem corporal feminina e a infantil (respectivamente nos capítulos 2 e 3) são discutidas em diálogo com literaturas especializadas, a partir das quais apresentam-se instrumentos de avaliação, lacunas e problematizações sobre potencialidades e limitações de métodos e modelos teóricos que balizam a produção científica sobre esses temas. Fatores relacionados à aparência, tais como gordura e peso corporal, estatura, magreza, muscularidade, alimentação e exercício são articulados a diferentes variáveis (como idade, etnia etc.), sob prismas interpretativos que ressaltam as implicações culturais das relações dos sujeitos (com a família, amigos, mídia, etc.) que afetam a percepção sobre a imagem corporal.

A **Parte 2** reúne capítulos com foco na discussão sobre a força cultural de processos normativos que permeiam a relação sexo, gênero e sexualidade em nossas sociedades. Processos tais que não apenas tangenciam, mas estão imbricados nas práticas corporais e esportivas, que produzem e reproduzem implicações como, a noção de abjeção que permeia as corporeidades dos sujeitos. As produções que compõem essa parte da obra têm ancoragem nas denominadas teorias pós-estruturalistas, cujas análises sinalizam construções histórico-sociais e culturais que engendram discursos articulados a relações de poder.

O Capítulo 4 analisa narrativas que expressam as subjetividades e as dissidências da sexualidade em aulas de Educação Física. As interpretações revelam dinâmicas e limitações paradigmáticas próprias a essa área do conhecimento, ou seja, elementos que perpassam desde a hegemonia do conteúdo esporte (o futebol especificamente) às dinâmicas inerentes ao componente curricular nas culturas escolares.

Ao discutir a transgeneridade na sociedade e no esporte, o Capítulo 5 explora processos e estruturas (como o movimento feminista, por exemplo) que têm culminado em rupturas com referências binárias de gênero. As autoras explicitam o reconhecimento das diferenças e a perspectiva de pluralidade das identidades que têm confrontado a burocratização do esporte e produzido demandas para instituições esportivas centenárias no esporte mundial.

A **Parte 3** coaduna análises sobre o lazer em associação com marcadores sociais de diferença (gênero, sexualidade, classe, etnia e geração), o ordenamento jurídico do esporte como direito no Brasil e mudanças teóricas e políticas a respeito das práticas corporais na natureza.

No primeiro capítulo do bloco, constata-se e discute-se a influência de processos históricos de construção de papéis sociais e relações de dominação sobre o acesso e as escolhas de atividades de lazer em um cenário de preconceitos, discriminações e desigualdades. A análise do autor convoca a necessidade de implementação de políticas sociais visando diminuir as desigualdades sociais quanto aos interesses do lazer.

No Capítulo 7, as limitações da constitucionalização do esporte são analisadas sinalizando-se generalizações e fragilidades da letra constitucional e da legislação brasileira, bem como são discutidas as possíveis implicações que elas representam para a garantia da cidadania com base em de investimentos e políticas públicas. Ademais, os autores indicam que dificuldades conceituais da Constituição repercutem sobre a própria Educação Física escolar.

O Capítulo 8, em proposição ensaísta, caracteriza e versa criticamente sobre as leituras e releituras socioantropológicas e filosóficas das práticas de lazer na natureza e a noção de risco. As interpretações perpassam os contornos que tais práticas têm adquirido com a sua institucionalização e esportivização que se materializam, por exemplo, com a recente inclusão no programa olímpico. Entre implicações terminológicas e perfis de praticantes, o campo é mobilizado a perspectivar as atividades de aventura de forma dialética e diversa, expandindo-se para além das "subculturas", inclusive mobilizando-se para o estudo de políticas públicas de promoção, democratização de acesso e gestão de risco.

Mais do que usos e apoio sobre a literatura, decerto os esforços desta obra estão pautados, alicerçados e demarcados com consciência epistemológica, como nos tem convocado a Filosofia da Ciência, ou seja, segundo uma configuração do conhecimento não dualista e que valoriza as comunidades interpretativas. Tratam-se, pois, de leituras que aguçam aproximações iniciais com as respectivas temáticas e, ao mesmo tempo, impelem a compreensão e o reconhecimento da complexidade de fenômenos que permeiam o corpo e as práticas corporais, em articulação com transformações histórico-sociais, com a institucionalização da sociedade e seus modos de organização.

Professora Doutora Doiara Silva dos Santos
Professora adjunta do curso de Educação Física da Universidade Federal de Viçosa
Doutora em Educação Física pela University of Western Ontario (UWO)
Líder do Laboratório de Estudos Olímpicos e Socioculturais dos Esportes (Leos)

SUMÁRIO

PARTE I
CORPOREIDADES E IMAGEM CORPORAL

CAPÍTULO 1
EXERCÍCIO INTUITIVO E SUA RELAÇÃO COM A CORPOREIDADE .. 17
Paula Costa Teixeira
Pedro Henrique Berbert de Carvalho

CAPÍTULO 2
DA *DRIVE FOR THINNESS* À *MUSCULARITY CONCERNS*: MUDANÇAS DA PREOCUPAÇÃO DE MULHERES COM A IMAGEM CORPORAL 43
Priscila Figueiredo Campos
Maurício Almeida
Pedro Henrique Berbert de Carvalho

CAPÍTULO 3
A CRIANÇA E O SEU CORPO: ATUALIDADES, RELATOS E AVALIAÇÃO DA IMAGEM CORPORAL INFANTIL 61
Clara Mockdece Neves
Juliana Fernandes Filgueiras Meireles
Fabiane Frota da Rocha Morgado
Maria Elisa Caputo Ferreira

PARTE II
GÊNEROS E DIFERENÇAS NAS PRÁTICAS CORPORAIS

CAPÍTULO 4
O DISPOSITIVO DA SEXUALIDADE NA EDUCAÇÃO FÍSICA ESCOLAR: DISSIDÊNCIAS EM DEBATE 89
Leandro Teofilo de Brito

CAPÍTULO 5
A FORMAÇÃO DE NOVAS IDENTIDADES NO ESPORTE: ATLETAS TRANSGÊNEROS 105
Fernanda Dias Coelho
Ludmila Mourão
Tayane Mockdece Rihan
João Paulo Fernandes Soares

PARTE III
LAZERES E POLÍTICAS

CAPÍTULO 6
LAZER E MARCADORES SOCIAIS DE DIFERENÇA.....................123
Dirceu Santos Silva

CAPÍTULO 7
AS DISPUTAS EM TORNO DO DIREITO AO ESPORTE NO BRASIL: OS DESDOBRAMENTOS NA CARTA MAGNA DE 1988 E EM LEGISLAÇÕES INFRACONSTITUCIONAIS..139
Rebeca Signorelli Miguel
Bruno Modesto Silvestre

CAPÍTULO 8
LAZER DE AVENTURA DA DIFERENCIAÇÃO À OLIMPIZAÇÃO: REVISÃO E PROPOSTA TERMINOLÓGICA SOBRE PRÁTICAS CORPORAIS DE RISCO NA NATUREZA..................................153
Marília Martins Bandeira

SOBRE OS(AS) AUTORES(AS)..175

Parte I

CORPOREIDADES E IMAGEM CORPORAL

CAPÍTULO 1

EXERCÍCIO INTUITIVO E SUA RELAÇÃO COM A CORPOREIDADE

Paula Costa Teixeira
Pedro Henrique Berbert de Carvalho

INTRODUÇÃO

O Exercício Intuitivo pode ser compreendido como um novo paradigma da Educação Física. É uma abordagem que estimula o movimento a partir de um olhar respeitoso e multidimensional para o corpo e a saúde. Desse modo, apresenta-se como uma possibilidade de trabalho com o corpo e mente de modo integrado, respeitando os aspectos biopsicossociais dos indivíduos e, portanto, sua corporeidade.

Antes de nos aprofundarmos na discussão sobre o Exercício Intuitivo é conveniente ilustrar o contexto sociocultural contemporâneo, a importância de um estilo de vida ativo, bem como a necessidade de discutir a complexa relação entre corpo, comida e exercício nos tempos atuais. Sem a pretensão de remontar toda a história que envolve a área da Saúde, Corporeidade e Educação Física, apenas elucidamos um pouco esse contexto para familiarizar o leitor sobre aspectos fundamentais e norteadores do Exercício Intuitivo.

1.1 CONTEMPORANEIDADE E ESTILO DE VIDA ATIVO

Houve um tempo na história da humanidade em que corpo e mente eram compreendidos como entidades separadas. A partir do momento em que esse pensamento cartesiano começa a ser desconstruído, corpo e mente se tornam únicos, integrados. A mente está no corpo, sendo assim, a mente pensante influencia o corpo que se comporta, que realiza ações, que se movimenta e se desloca no ambiente. O mesmo vale para a mente, ou seja, o corpo e seus movimentos influenciam-na de maneira direta, recíproca.

Se a mente está "dentro" do corpo, podemos assumir que ao dizer "corpo", estamos nos referindo a tudo o que habita dentro dele, inclusive os pensamentos (YOUNG, 2014). Por essa razão deveríamos nos referir somente a "corpo", compreendendo que ao mencionar essa palavra estamos integrando tudo o que advém da esfera "corporal" (órgãos, tecidos, sistemas, formas, estética e outros), "psíquica" (pensamentos, sentimentos, entre outros) e "social" (o jeito de se relacionar).

Os avanços da neurociência comprovaram o quanto um pensamento influencia o comportamento, isto é, o que eu penso desencadeia reações neuroquímicas que podem impulsionar uma ação motora. Um pensamento também pode influenciar o estado de humor, o ânimo, até a atitude demonstrada pelo corpo.

Suponha que os pensamentos que acometem você, leitor, tenham um teor alegre, de memórias vividas que lembram uma experiência agradável e entusiasmante. É bem provável que o corpo espontaneamente assuma uma postura que transmita uma atitude de abertura, olhar expansivo, um tórax erguido e um semblante disponível.

No entanto, se o cenário for o oposto, com pensamentos que remetem a uma memória desagradável, uma experiência vivida que desperta algo ruim, é provável que o corpo reconstrua aquela sensação vivida no passado. De forma natural, uma sensação de angústia invade o tórax, que se retrai, e a postura transmite uma atitude de isolamento, olhar cabisbaixo e um semblante tenso porque algo o aflige. Não temos a pretensão de assumir que todas as pessoas do mundo têm o mesmo tipo de reação descrita nos exemplos, mas, em geral, ao visualizar na imaginação o que foi lido, temos o vislumbre do quanto nosso corpo reage, se expressa e se influencia pelo que pensamos. Esta é uma maneira didática de mostrar que um tipo de modulação, isto é, um processo, acontece dentro do nosso corpo quando um pensamento ou uma emoção surge.

Esse mesmo corpo possui algumas atividades que envolvem movimentos musculares e articulares no dia a dia. Nosso corpo é útil para realizar ações no mundo, relacionar-se, expressar-se, produzir, e tudo isso é feito com a ajuda dos movimentos do corpo. Acontece que a tecnologia trouxe facilidades que exigem cada vez menos movimento. É possível obter uma refeição sem ter que usar o corpo para cozinhar, muito menos sair de casa para comprar. Basta ter um aplicativo e com alguns cliques obter sua refeição. Também é possível se deslocar sem movimentos aparentes, com um grau de esforço muito leve, se o meio de transporte escolhido for com roda motorizada (monociclo, patinetes, bicicletas, pranchas com rodas). Com isso, vimos que o corpo que se "movimenta" no pensamento e nas emoções o dia inteiro, pensando e sentindo, movimenta-se cada vez menos horas por dia fisicamente.

Movimentar pouco significa ser menos ativo ou apresentar comportamento sedentário, ou seja, realizar atividades com baixo dispêndio energético. Em resumo, atividades que consomem valor menor do que 1,5 equivalentes metabólicos. Sabe-se que o comportamento sedentário está associado a uma série de problemas de saúde. Milhares de estudos comprovam os benefícios de proporcionar um estilo de vida ativo para o corpo. As doenças classificadas como crônico-degenerativas, muitas vezes, são decorrentes de um estilo de vida sedentário. Nesse sentido, é necessário criar estratégias para o corpo se movimentar mais. Afinal, o corpo com saúde comporta-se de maneira mais produtiva, relaciona-se melhor socialmente e está propenso a viver com mais qualidade de vida.

As academias de ginástica se espalharam por todas as partes, com seus aparelhos de musculação e salas para práticas corporais que estão cada vez mais acessíveis nos bairros de quaisquer cidades do mundo, inclusive dentro dos lares, em condomínios de casas e prédios. Ainda assim, a prevalência de inatividade física é alta no mundo inteiro.

Evidências apontam que uma em cada três mulheres e um em cada quatro homens não atingem os níveis recomendados de atividade física[1] de intensidade moderada a vigorosa preconizados pelas diretrizes de saúde pública (LEITZMANN; JOCHEM; SCHMID, 2019; STRINGHINI et al., 2017).

Um dos obstáculos mais presentes no discurso de quem está inativo é a falta de tempo. Contraditoriamente, uma das promessas dos avanços tecnológicos era otimizar o nosso tempo. Sim, ganhar tempo para viabilizar fazer uso dele para outras coisas. Talvez esse tempo pudesse ser usado para cuidar da saúde? A ciência se instrumentalizou e pesquisadores comprovaram que não é necessário muito tempo para conquistar saúde por meio de um estilo de vida mais ativo. A recomendação de acumular pelo menos 30 minutos de atividade física ao longo de um dia, na maior parte da semana,

---

[1] Nesse capítulo utilizaremos os termos atividade física e exercício físico múltiplas vezes. Vale destacar que apesar de associados, esses termos são distintos. A atividade física pode ser definida como qualquer movimento corporal produzido pela musculatura esquelética que resulta em gasto energético acima dos níveis de repouso. Já exercício físico é uma atividade física planejada, estruturada, com frequência e duração norteados por objetivos relacionados a aptidão física, habilidades motoras ou reabilitação orgânico-funcional (CASPERSEN et al., 1985).

foi publicada na década de 90 e ainda não está incutida no senso comum, apesar de muitos esforços de campanhas de saúde pública e dos manuais da Organização Mundial da Saúde (FERREIRA; NAJAR, 2005; WORLD HEALTH ORGANIZATION, 2011). Conhecer as recomendações de frequência e intensidade de atividade física para a saúde não necessariamente leva à prática em si. Em outras palavras, ter a informação nem sempre resulta no comportamento.

Estudar a complexidade das interações que levam o sujeito a tomar decisões e realizar ou não uma ação, isto é, a emitir um comportamento mais ou menos ativo, é uma área que a Educação Física ainda tem muito a se debruçar. O estudo do comportamento humano tem sido o objetivo da Psicologia, porém também se faz necessário desconstruir outro legado cartesiano: a divisão do conhecimento em "gaiolas epistemológicas" (AMBROSIO, 2016), ou seja, em disciplinas segmentadas.

O estudo multi-, inter- rumo à transdisciplinaridade é o caminho epistemológico da educação e da saúde contemporânea, e muito dessa mudança de paradigma justifica-se pelos avanços científicos pautados na Neurociência. A mesma tecnologia que por um lado predispõe a uma vida mais confortável, de menos esforços físicos do corpo, é a que, por outro lado, permite o desenvolvimento de aparelhos sofisticados utilizados em exames que demonstram o funcionamento do cérebro humano.

Paradoxalmente, de maneira gradativa o número de praticantes de exercício vem aumentando. Dados de pesquisa que avaliam o nível de atividade física da população brasileira apontam que cresce a cada ano o número de pessoas que praticam lazer e usam transporte ativos, bem como uma redução do número de inativos, apesar de a maioria da população ainda ser inativa fisicamente (BRASIL, 2019).

Além disso, também vale lembrar das pessoas que se movimentam ao exercerem ocupações e funções que demandam alguma atividade física. Mesmo assim, nem sempre essas pessoas estão protegidas de doenças que a prática regular de exercícios previne. Muitos fatores determinam o desenvolvimento de doenças, além do estilo de vida, entre eles o fator genético. Porém, ao observar esse fenômeno, é possível levantar a seguinte questão: o quanto quem está se movimentando, seja no trabalho ou numa sessão de exercício, está dedicando atenção plena e exclusiva à prática? E, ainda, quais pensamentos estão acompanhando essas práticas corporais?

Outra questão que acomete a vida contemporânea é o alto volume de informações que se recebe a cada hora do dia. Distrações também estão à mão de crianças, adolescentes e adultos, que dedicam muitos minutos por dia olhando telas de celulares e computadores, nas redes sociais e nos jogos. Diante desse volume de conteúdos, dados e atividades, desenvolveu-se a crença de que o ser humano moderno é multitarefa. No entanto, dar atenção a mais de uma tarefa simultaneamente não é algo muito produtivo. O que acontece, na verdade, é uma alternância do nível de atenção dada a uma tarefa por vez. Quando se concentra em uma tarefa específica, o nível de atenção em outra tarefa diminui; consequentemente, seu rendimento fica defasado (AMERICAN PSYCHOLOGICAL ASSOCIATION, 2006; REMINGTON; LOFT, 2015). Ainda, o desgaste mental é muito grande para se manter sustentado um determinado grau de atenção para diversas tarefas simultâneas. Por isso, dar atenção plena a uma tarefa por vez permite ao corpo acessar uma tranquilidade favorável para a produtividade e, principalmente, para a saúde mental e cognitiva do corpo.

Dado esse cenário de "conspiração para o sedentarismo", com tanta tecnologia ao redor e a falta de atenção por parte daqueles que são ativos, mas que podem não atribuir qualidade de atenção plena ao que o corpo está realizando, a abordagem do Exercício Intuitivo levanta a importância de assegurar um corpo integrado durante o movimento. Isso significa que os pensamentos e as sensações presentes durante o movimento devem ser levados em consideração, a fim de ter clareza sobre quais razões norteiam a escolha de assumir um comportamento ativo ao invés do sedentário. E dessa compreensão dos motivos que impulsionam um estilo de vida mais ativo, facilitar o processo de estabelecer um vínculo com o movimento corporal a partir de uma perspectiva de saúde abrangente, que favoreça a saúde mental e a emocional, além da física (uma saúde multidimensional, que será conceituada adiante).

Dado esse contexto, é frequente o discurso para incentivar a adoção de um estilo de vida mais ativo ser norteado por argumentos como emagrecer, prevenir obesidade, combater a gordura ou fazer a compensação calórica da ingesta alimentar (balanço energético). Por isso é fundamental discutir a complexa relação entre corpo, comida e exercício, pois daqui podem emergir muitos comportamentos disfuncionais que comprometem um engajamento sustentável e de satisfação com a atividade física. Esses três elementos e suas relações assumem conotações diversas, que variam a depender de características históricas, culturais e pessoais.

1.2 A RELAÇÃO CORPO, COMIDA E EXERCÍCIO

Conforme dito resumidamente até aqui, o comportamento sedentário cresce a cada dia e começa na mais tenra idade. Para alertar a população, a Organização Mundial da Saúde lançou, em 2019, as recomendações para atividade física, comportamento sedentário e sono para crianças, com orientações desde bebês com menos de um ano (WORLD HEALTH ORGANIZATION, 2019). Devido ao tempo dedicado às telas (celular, tablet, TV, computador), campanhas de conscientização do uso consciente da internet se popularizam pelo mundo.

As pesquisas sobre o comportamento sedentário em frente a telas, na década de 90 aos anos 2000, limitavam-se ao tempo de TV, porém o tempo de uso de celulares e tablets é o parâmetro que mais tem chamado a atenção. Isso porque há um impacto na saúde mental e na emocional dos usuários devido às comparações, aos comentários por vezes ofensivos ou mal-interpretados, às divergências de pontos de vista, em especial ao corpo.

As postagens sobre escolhas alimentares ou de exercícios/treinos para atingir um formato específico de corpo influenciam na imagem corporal (LIRA *et al.*, 2017). A comparação de corpos desperta emoções difusas nos usuários, que a depender da idade e/ou dos recursos internos para lidar com essas situações podem influenciar escolhas. A insatisfação corporal move um vasto mercado financeiro, logo, os interesses econômicos que impulsionam postagens e propagandas impactam nas tomadas de decisões sobre o que comer, treinar, vestir etc.

Ao mesmo tempo, a indústria alimentícia, que também tem interesses econômicos e usufruiu dos avanços da ciência, oferta cada vez mais alimentos palatáveis, constituídos por ingredientes artificiais e submetidos a ultraprocessamentos que predispõem a um ambiente obesogênico. A obesidade é uma condição que aumenta as chances para o desencadeamento de doenças crônico-degenerativas, o que reduz a qualidade de vida.

Nesse sentido, combater a obesidade por meio do incentivo à adesão de dietas restritivas associado à prática de exercícios físico foi, por muito tempo (e ainda é), um jeito simplista de auxiliar na tomada de consciência da população. Inclusive, médicos e especialistas da nutrição, atividade física e saúde, defendem a ideia de que é necessário gastar as calorias ingeridas, de modo que favoreça um balanço energético. "Queimar o que comeu" tornou-se uma motivação para praticar exercícios, bem como o "medo de engordar", afinal de contas, no imaginário social, ser obeso é praticamente sinônimo de ser doente, logo, corpos magros tornaram-se referência de saúde, e o emagrecimento à custa de restrições e comportamentos disfuncionais, semelhantes aos encontrados em pacientes com diagnósticos de transtornos alimentares, por vezes é estimulado como conduta para obesos que buscam ajuda para emagrecer.

Em contrapartida, emagrecer a qualquer custo, por meio de dietas restritivas, pode trazer consequências epigenéticas e predispor à obesidade para as próximas duas gerações da pessoa que sofreu a restrição (PAINTER *et al.*, 2008). Portanto, focar na mudança do peso corporal como resultado do exercício dificulta dar valor a todas outras mudanças benéficas que a prática suscita. Inclusive, é possível ter saúde mesmo na condição de sobrepeso e obesidade (BACON, 2010). Apesar de ser uma teoria dos anos 60, a abordagem que defende a saúde em todos os tamanhos (Health at Every Size), com evidências que corroboram para a desconstrução de que apenas corpo magros são saudáveis, fortaleceu-se apenas nos anos 2000, principalmente após o lançamento do livro da pesquisadora Linda Bacon (2010). E após anos de sofrimento com o estigma da obesidade, o diálogo sobre aceitação da diversidade e do peso corporal está vigente no cenário contemporâneo.

Ainda assim, um novo estereótipo de corpo saudável surge nos anos 2000, o corpo com níveis de massa muscular maiores e o combate ao percentual de gordura. A busca pela muscularidade, antes mais prevalente em homens, cresce também no público feminino (ver Capítulo 2).

O corpo muscularmente definido é aspirado por muitos adolescentes, jovens adultos e por pessoas na terceira idade, e impulsiona a motivação de muitos praticantes de musculação e de exercícios de força. Toda essa busca por um corpo aceito pelos padrões que "regem a saúde" como se fosse sinônimo de estética, suscita em algumas pessoas mudanças no comportamento alimentar. A motivação para se exercitar pautada pelo desejo de um corpo estético, na crença de que também significa ser saudável, faz com que as escolhas alimentares sejam feitas de acordo com o número de calorias ou, ainda, com a composição nutricional do alimento; por exemplo, comer o suficiente para ter um peso específico ou dar preferência de maneira obsessiva para determinados tipos de nutrientes, como mais proteínas e menos carboidratos, para desenvolver a massa muscular.

Recomendações para restringir determinados alimentos que são tidos como vilões, rotulados como engordativos ou como "besteiras", ou seja, privar-se totalmente do prazer de comer, favorece processos cognitivos de culpa ao comer e alívio ao se exercitar. Quando um alimento "proibido" é ingerido, devido à falta de "força de vontade" e de "determinação" de seguir a regra, o exercício torna-se uma alternativa para compensar a alimentação. Esse cenário é o mundo das pessoas que sofrem de quadros de comer transtornado, comer desconectado com os sinais do corpo, desregulados dos sinais de fome, apetite e saciedade, ou até mesmo síndromes psiquiátricas, como os transtornos alimentares e a dismorfia muscular.

Para as pessoas em condição de obesidade, a busca pela magreza ou pelo corpo aceito no padrão vigente, muitas vezes faz com que a motivação para se exercitar seja uma obrigação em emagrecer (afinal, quem nunca viu ou até mesmo postou uma hashtag "#tapago"?). Logo, a prática de exercícios costuma ser associada a uma dieta alimentar pouco sustentável. E, assim, a mente registra uma fase sofrida devido à falta de alimento associado a emoções de culpa e fracasso quando alguma "regra" da dieta é infringida, combinada a idas obrigatórias na academia, que no futuro se transformam em aversão a exercícios.

O exercício disfuncional é a prática de exercício desconectada de prazer, totalmente obrigatória, na qual o sujeito se sente compelido a realizar, tomado por um sofrimento quando não praticada a sessão, ou por um quadro ansioso, um humor irritadiço, que pode até deixar o corpo suscetível a lesões por desrespeito aos sinais de cansaço e fadiga (REEL; VOELKER, 2012). Interessante observar que o exercício disfuncional vem sendo identificado em diversas populações, incluindo pessoas "saudáveis" e pacientes com transtornos diversos.

O exercício praticado por indivíduos com transtornos alimentares pode ser conceituado como "excessivo" quando caracteriza excesso em algum aspecto quantitativo, isto é, quanto à frequência (número de vezes por semana), à duração (minutos por sessão) e à intensidade do exercício. Também é comum nesses pacientes o exercício conceituado como "compulsivo", que está relacionado a um aspecto qualitativo, caracterizado pela existência de troca de outras atividades de lazer ou familiares por uma agenda rígida, em que o indivíduo não se permite dias sem exercício e não consegue parar de se exercitar mesmo quando está doente, lesionado ou há uma contraindicação médica. Se isso eventualmente ocorre, por alguma razão, o indivíduo apresenta um quadro com sintomas ansiosos, depressivos e irritabilidade por ter perdido a sessão de exercícios (TEIXEIRA *et al.*, 2009).

A prática de exercícios desconectada dos sinais do corpo pode levar a pessoa a se exercitar por obrigação e além da dose que o corpo necessita. Quando a prática de exercício está exclusivamente motivada pela ingesta calórica e/ou influenciada pelo peso corporal, a chance de exagerar na quantidade é alta (REEL; MIYAIRI, 2012). Além disso, é bem provável que essa prática se torne uma obrigação na vida da pessoa. Logo, quando algo que pode ser um lazer ou um cuidado para si assume um papel rigidamente obrigatório na nossa vida, o engajamento na atividade pode não ser duradouro porque não haverá prazer, e acarretará consequências à saúde.

Nos manuais diagnósticos de transtornos mentais (DSM-5), o exercício excessivo aparece, oficialmente, como um dos critérios a ser considerado nos quadros de transtornos alimentares (APA, 2013). E pesquisas sobre quadros de dismorfia muscular (também chamado popularmente de vigorexia) e ortorexia[2] nervosa também incluem a investigação da prática de exercícios disfuncionais.

Somada ao contexto sociocultural vigente no Ocidente de culto ao corpo, mentalidade de dieta que gera um comer transtornado, insatisfação corporal, estigmatização do peso corporal e baixa autoestima, o exercício disfuncional torna-se cada vez mais frequente entre os praticantes já engajados numa prática regular de exercícios.

Devido à desconexão dos sinais internos do corpo ou, ainda, o julgamento de que alguns sinais precisam ser desrespeitados para "superar os limites", é muito comum os praticantes se lesionarem com o próprio exercício devido ao exagero de intensidade nas articulações, tendões e músculos, caracterizando um quadro de estresse por exercício. As consequências podem ser fraturas ósseas, estiramentos musculares, desgastes precoces e inflamações (tendinite e bursite) nas articulações, perda de massa óssea e muscular, redução do desempenho, problemas no sono, cansaço e fadigas generalizadas, baixa da imunidade, alterações de humor (irritabilidade, ansiedade), e a depender de outros fatores associados pode provocar até morte súbita (SOLOMON, 1991).

Por tudo isso, observa-se que estamos vivenciando um processo complexo de mudança da relação do sujeito com seu corpo, com a comida e com o exercício físico. O ser sentinte e pensante vem atravessando uma crise de paradigmas e muitas vezes colocando-se no lugar da descrença ou dúvida. O que fazer? Em que acreditar? A ciência vem demonstrando a cada

---

[2] A ortorexia nervosa ainda não é um diagnóstico psiquiátrico reconhecido oficialmente pelos manuais de transtornos mentais, porém já há evidências de que poderá ser incluído na próxima edição.

dia que devemos ser críticos às "certezas absolutas". Exemplos disso são as falácias que indicam a existência de alimentos "saudáveis" e "não saudáveis", ou, ainda, aquelas que apontam que todo exercício físico é bom para a saúde, independentemente da relação que o sujeito tem com ele.

É preciso avançar no campo das Ciências da Saúde e da Atividade Física, compreender um pouco mais sobre o exercício físico e sua relação com o corpo e a comida, para além de questões técnicas e puramente biologicistas. É a vez da Educação Física e de outras ciências investirem na inter-relação do sujeito com o outro, com o ambiente, na pluralidade e na complexidade dos fenômenos. Embora, atualmente, propague-se a indissociabilidade de corpo e mente, é preciso colocar esse conhecimento em prática, abandonar o discurso simplista e aprofundar no estudo do comportamento humano e como ele é afetado e afeta a relação do sujeito com seu corpo (em seu sentido uno).

Cremos que um dos caminhos para ampliar os limites da compreensão da relação do sujeito com seu corpo, com a comida e com o exercício físico está na abordagem do Exercício Intuitivo. Essa abordagem assume que a qualidade do pensamento ou sentimento que acompanha a prática possui o mesmo nível de importância quanto monitorar a frequência cardíaca, periodizar o treino de força, executar o movimento com respeito à biomecânica. A prática de um exercício que considera o conteúdo do campo mental tão relevante quanto o da fisiologia implica um conhecimento do profissional de Educação Física na inter-relação com a Psicologia, a Sociologia e a Antropologia, ou seja, aprofundar-se nas ciências do comportamento humano. E, ainda, ir além, fazendo com que o exercício a ser praticado seja prescrito de uma visão que considera a multidimensionalidade do ser e de suas interações com o ambiente.

O Exercício Intuitivo surge como uma abordagem diferenciada para o profissional de Educação Física desenvolver com seu aluno, seja qual for a modalidade praticada. O conceito do Exercício Intuitivo abrange tanto a relação professor-aluno quanto a relação aluno-com ele mesmo por ser uma possibilidade de caminho. Para o profissional, um convite para revisitar-se, olhar sua postura e refletir sobre os automatismos da profissão. Já para o aluno/praticante, é um convite para se conectar com seu corpo, consultá-lo, fazer uma pausa para escutá-lo e reconhecer qual é a necessidade do corpo naquele momento (promoção de autoconhecimento), sem julgamentos (alteridade), e tornar-se um observador de si mesmo a fim de, a partir daí, decidir qual exercício físico será feito e como será praticado.

1.3 DEFINIÇÃO E ORIGEM DO EXERCÍCIO INTUITIVO

Da relação emocional e disfuncional do corpo-comida-exercício surgem propostas para estimular as pessoas a se reconectarem com os sinais do corpo. Uma delas foi publicada pelas nutricionistas americanas Evelyn Tribole e Elyse Resch (1995, 2012), que lançaram o conceito de Comer Intuitivo, uma abordagem que ensina o sujeito a ser *expert* do seu corpo, por meio de dez princípios para afinar a comunicação dos sinais do corpo quanto a fome, apetite, saciedade, pensamentos e sabedoria do corpo. E daí a inspiração para o termo Exercício Intuitivo.

No Brasil, a proposta de praticar um Exercício Intuitivo possui o respaldo de uma corrente teórica intitulada de Nutrição Comportamental (ALVARENGA et al., 2019): uma abordagem científica e inovadora com o objetivo de promover hábitos e atitudes alimentares, incluindo aspectos fisiológicos, culturais, sociais e emocionais, na qual todos os alimentos podem ter espaço em uma alimentação saudável, e que desconsidera as práticas de dietas como uma possibilidade de mudança de comportamento.

Paralelamente a essa visão biopsicossocial do comer surge a reflexão sobre a prática de exercícios que, por sua vez, também pode ter sua abordagem ampliada e incluída na multidimensionalidade do corpo humano, ao invés de limitar-se a uma prática de compensação calórica e estritamente metabólica e obrigatória.

Vale ressaltar que ambas as linhas de raciocínio (do comer e do se exercitar) são visões ocidentais. A multidimensionalidade do ser humano já é contemplada em teorias orientais há séculos. Muitas teorias que o Ocidente está "descobrindo" e recebendo como "novidade" são inspiradas em princípios orientais milenares.

O Exercício Intuitivo, portanto, pode ser definido como um resgate da prática de exercícios como uma maneira de cuidar do corpo com mais respeito aos sinais internos e norteados por virtudes como disciplina e compaixão. O movimento é praticado para honrar o corpo, com respeito aos seus limites e capacidades, com uma oferta de energia adequada para as células trabalharem a favor, numa contemplação de toda autorregulação e sabedoria que o corpo é capaz de revelar. A atenção dedicada aos sinais do corpo durante o movimento, isto é, o estado de presença na atividade que o corpo está desenvolvendo, permite descobrir uma dosagem ideal de intensidade a cada prática, seja uma atividade física do cotidiano ou algo sistematizado como exercício.

Uma revista chamada *Hope and Healing*, publicada por um centro de tratamento para transtornos alimentares dos Estados Unidos, pelos profissionais Nancy Heiber e Michael Berrett (2003), é a primeira evidência que traz à tona a reflexão sobre a prática de um Exercício Intuitivo. De acordo com os autores, pessoas que sofrem de algum tipo de transtorno alimentar estão mais suscetíveis a praticarem exercícios de maneira compulsiva e prejudicial às saúdes física, mental e espiritual. A prática de um Exercício Intuitivo poderia melhorar a qualidade de vida e trazer bem-estar aos pacientes que se sentem impulsionados pela culpa, pela obrigação ou pelo alívio em se exercitar.

Por exemplo, se você tem o hábito de praticar corrida e está integrado (mente e corpo), conectado consigo próprio, você sente o seu nível de disposição e pode escolher se naquele momento está apto a correr ou a fazer apenas uma caminhada. E mesmo se decidir correr, entender o quanto será respeitoso para seu corpo naquele dia, ou seja, se o programado é correr 30 minutos, ao atentar-se aos sinais do corpo, a capacidade de escolha e de avaliação se é possível conseguir completar a meta, fazer um pouco mais ou praticar menos tempo e deixar a meta para outro dia que estiver com maior disposição, será totalmente possível. Assim, a liberdade de escolha permite que as chances de praticar mais vezes por semana o exercício seja interessante para as pessoas que se sentem desmotivadas para se exercitar ou, ainda, compelidas ao extremo.

O Exercício Intuitivo surge como um ponto de equilíbrio entre a inatividade física e o exercício disfuncional, situações extremas, antagônicas e que dificultam a obtenção de saúde mental, qualidade de vida e bem-estar. A escolha em fazer uma espécie de "consulta" a si mesmo com objetivo de verificar se está exagerando na quantidade ou na intensidade do seu treino por estar numa busca obcecada ou desenfreada por um objetivo, pode contribuir com uma prática mais centrada no SER, ao invés de almejar TER um corpo com determinado formato ou peso corporal. A regularidade de uma prática que desperta prazer, que registra boas lembranças, que entusiasma, relaxa e diverte, permite que as sessões de exercício sejam um momento de lazer para harmonizar o corpo que vive, sente e pensa o tempo inteiro.

É exatamente aqui que o Exercício Intuitivo se conecta à corporeidade. Ele permite e reforça o contato com o SER – sentinte, pensante, vivente. Estar em contato com o corpo e o movimento, de uma forma gentil, conectada no presente, de maneira consciente e prazerosa, é fundamental para a corporeidade, principalmente porque estamos numa fase em que a sociedade está refletindo sobre suas crenças e seus valores a respeito da comida e do corpo (conforme explicitado anteriormente).

Esses assuntos estão em evidência no cotidiano das pessoas, pois o comportamento alimentar e as práticas corporais estão influenciados por uma mentalidade de dieta, culto ao corpo perfeito, insatisfação corporal e medo de engordar (ALVES; CARVALHO, 2010; DITTMAR, 2005). Conceitos e significados que atribuímos à comida, ao corpo e ao exercício físico são permeados pelos ideais e estereótipos socialmente construídos. Logo, percebe-se que a conexão que o sujeito cria entre seu corpo, a comida e o exercício advêm, sobretudo, de informações externas ao próprio SER e adormecem a conexão com o nosso interior, desrespeitando nossa história de vida, preferências, crenças e corporeidade (TEIXEIRA, 2014).

Desse modo, é necessária uma reestruturação das abordagens frente ao cuidado com o corpo e o exercício. É preciso resgatar a corporeidade do sujeito, suas intencionalidades, preferências, enfim, suas idiossincrasias e multidimensionalidade. Acreditamos que esse resgate seja possível por meio do Exercício Intuitivo. Logo, apresentamos mais pilares dessa abordagem inovadora.

1.4 A RESSIGNIFICAÇÃO DO EXERCÍCIO FÍSICO POR MEIO DO EXERCÍCIO INTUITIVO

Na abordagem do Exercício Intuitivo, alguns conceitos necessitam ser ressignificados. Muitos termos estão impregnados de pré-conceitos que se deturpam dependendo do contexto em que é utilizado. Um exemplo claro é o conceito de Saúde. Para algumas pessoas, ter saúde é sinônimo de ser magro, esbelto e muscularmente definido, quando, na realidade, essa associação não pode ser feita. Nesse sentido, termos e conceitos são revisitados para alinhar a compreensão e o entendimento do que é desenvolvido no Exercício Intuitivo.

Assim como o sujeito é considerado em sua multidimensionalidade, a saúde também é um conceito que necessita ser ampliado. As definições de saúde como ausência de doença, bem-estar físico, mental e social são muito "batidos" no discurso para justificar um estilo de vida mais ativo. Nessa abordagem, a prática do movimento é estimulada para a conquista e para a manutenção da saúde multidimensional: física, mental, social, emocional, financeira e espiritual.

A escolha por ser mais ativo abrange os aspectos:

- Físicos: desempenho, parâmetros clínicos (glicemia, pressão arterial), neuromotores e metabólicos (disponibilidade energética), autonomia e preservação dos sistemas do corpo humano (articulações, massa muscular, massa óssea, tecido adiposo, glândulas endócrinas, entre outros).

- Mentais: movimento para construção de uma imagem corporal positiva, preservar a cognição e a inteligência, atribuindo importância à qualidade dos pensamentos que permeiam a prática, bem como os sinais evocados pelo tecido nervoso por meio dos sentidos (visão, audição, tato, paladar, olfato) e do aparelho mental, sem julgamentos, se está certo ou errado, bom ou ruim, simplesmente são assim e podem seguir naturalmente.

- Emocionais: movimentar para desenvolver um corpo capaz de oferecer estrutura para regular emoções e auxiliar numa melhor relação com a imagem corporal e na construção de um cuidado de si, em que o diálogo com o corpo é um privilégio, que merece prioridade com equilíbrio.

- Sociais: movimentar para ser um corpo capaz de se relacionar, sociabilizar, interagir com as pessoas, com a natureza, com qualquer ambiente de forma mais harmônica e pacífica.

- Espirituais: o movimento tem a função de honrar a existência do corpo aqui-agora, que favorece a escolha de se sentir grato pelo estado de presença plena.

- Financeiros: investimento na saúde e no corpo será usufruído pelo praticante, isto é, investir dinheiro apenas no que de fato será consumido e no estímulo às práticas de movimento que podem ser feitas com autonomia, como momento de lazer.

Mais aspectos podem ser incluídos numa visão multidimensional do ser, da saúde e do exercício, desde que faça sentido para o praticante de Exercício Intuitivo e assegure, além de bem-estar, o bem-ser e o bem-viver (FONTES, 2009).

1.5 RESGATAR PARA INOVAR NA MOTIVAÇÃO PARA SE EXERCITAR

Algumas pessoas podem questionar qual é o problema de praticar exercícios físicos tendo o emagrecimento como principal motivação, ou, ainda, a compensação da ingesta calórica. Do ponto de vista biológico (e/ou fisiológico) não há problema algum, já do ângulo da saúde mental e da emocional há controvérsias. Se adotar um estilo de vida ativo é um caminho para conquistar saúde, seria interessante usufruir de todos os benefícios que esse comportamento pode oferecer.

Se pudéssemos voltar no tempo para resgatar a essência dos valores que norteavam a prática de exercícios no berço da cultura ocidental e do esporte, a Grécia, talvez compreenderíamos o legado que nos foi transmitido. O ideal seria estudar a fundo a linha do tempo a fim de desvelar com profundidade a história do esporte.

Kátia Rubio (2001), uma das pesquisadoras brasileiras mais conceituadas nos estudos sobre psicologia e história do esporte, explica que a prática de exercícios era um meio de melhorar o desempenho do homem nas funções que garantiam a sobrevivência, como plantar, caçar, pescar, caminhar, correr, enfim, ações do cotidiano que envolviam atividades físicas. O culto aos deuses também gerava esforço físico na forma de rituais com dança, jogos, expressão corporal e disposição para tocar instrumentos. Nesse cenário, a atividade física tinha um papel significativo na rotina do homem "[...] todo movimento corporal produz uma excitação interior que pode aumentar o entusiasmo e chegar até um estado transcendente, experimentado em ritos penitentes ou danças religiosas" (RUBIO, 2001, p. 109).

Ao estudar a cultura grega, Rubio (2001) descreve que a purificação do espírito fazia parte de uma educação integral, em que a Educação Física era mandatória. Para os gregos, o esporte era um dos pilares da educação, ao lado dos estudos de letras e música. Segundo Sócrates, "não há educação sem esporte, não há beleza sem esporte, apenas o homem educado fisicamente é verdadeiramente educado e, portanto, belo" (RUBIO, 2001, p. 112).

Uma observação interessante feita por Rubio (2001) é que, de acordo com Sócrates, o belo significava bom. Aqui vale uma reflexão sobre como essa máxima grega associando o esporte ao belo pode ter sido interpretada por diferentes óticas ao longo de séculos de história.

Se na Grécia os exercícios eram realizados para educar, harmonizar o equilíbrio humano e torná-lo belo (lembrando que belo, para Sócrates, era ser bom), será que o homem contemporâneo segue honrando esses princípios? Apesar de não ser o escopo deste capítulo, é válido levantar a questão a fim de contextualizar o cenário contemporâneo que atribui tanto valor ao corpo magro, esbelto e muscularmente definido a ponto de, por vezes, desrespeitar a diversidade dos tamanhos corporais.

Se compararmos os objetivos que norteiam o estímulo ao exercício na Grécia antiga e hoje, veremos que ambos se preocupam com a saúde do ser humano. No entanto, os gregos demonstravam uma preocupação com a saúde numa visão ampliada. Eles não acreditavam que ter músculos vigorosos apenas para vencer nas competições esportivas fazia bem ao espírito, logo, não significava saúde (RUBIO, 2001).

Parece que a prática de exercícios, então, sempre esteve associada à conquista de um corpo belo e saudável. No entanto, há alguns indícios de que a essência do significado de ser belo e saudável, no berço da nossa civilização, está bem diferente do contexto contemporâneo. Enquanto para os gregos ser belo era ser bom e ser saudável era ter uma saúde que agradava aos deuses e purificava o espírito, para o homem contemporâneo ser belo é estar dentro de um padrão de beleza que inclui ser magro e/ou ter um corpo "sarado" com músculos torneados. E isso não necessariamente significa ser bom ou ser saudável.

Medina (1990), em sua obra *A educação física cuida do corpo... e "mente"*, faz uma crítica sobre a sociedade de consumo e a cultura do corpo, em que destaca a necessidade urgente de surgir um sentido mais humano para a cultura do corpo físico e aceitar o homem em todas suas dimensões (multidimensionalidade do ser). Em resumo, é preciso resgatar o sentido da Corporeidade! É notório que os jovens estão mergulhados numa sociedade de consumo em que o corpo veiculado na mídia não é real, ou seja, está fora dos padrões normais para existência de um corpo saudável. A manipulação de imagens a fim de tornar o corpo mais simétrico, atraente e sem imperfeições tornou a referência de belo e saudável algo inatingível. Infelizmente, aqueles que conseguem atingir esses padrões irreais é à custa de comportamentos inadequados para a saúde, como dietas restritivas, recursos exógenos (medicamentos, laxantes, diuréticos, enemas etc.), jejum, prática disfuncional de exercícios, cirurgias plásticas e de redução de estômago. As consequências desses comportamentos e/ou atitudes inadequados podem ser gatilhos para o desenvolvimento de transtornos psiquiátricos que exigem tratamentos longos e muito custosos.

1.6 OS PILARES DO EXERCÍCIO INTUITIVO INTEGRATIVO

As evidências científicas publicadas sobre o Exercício Intuitivo se limitam a discutir a prática de exercício associada a um quadro de transtornos alimentares. Nesse sentido, ampliar o conceito do Exercício Intuitivo para o campo da saúde, de modo a comprovar seus benefícios mesmo para pessoas sem o diagnóstico de transtornos alimentares e até como alternativa para promoção de saúde pública, é um passo plausível e que merece ser investigado cientificamente.

A ampliação de todo o conceito de Exercício Intuitivo proposto por Reel e Miyairi (2012) foi intitulado como Exercício Intuitivo Integrativo por Teixeira (2016, 2019). Uma proposta de transformar a sessão de movimento/atividade física/exercício uma grande oportunidade de diálogo e de contemplação à autorregulação do corpo e, assim, os pensamentos sobre comida, gordura, calorias, punição, tomam um segundo plano ou até mesmo nem surgem e, quando surgem, não se desenvolvem.

Muitas vezes, o exercício impulsionado por obrigação ou por sentimento de culpa torna esse momento sinônimo de martírio, sofrimento ou punição, uma relação complicada de obrigação exagerada ou de compromisso inadiável. Para tornar o momento do exercício um lazer interessante, energizante, estimulante, descontraído, relaxante, divertido e que predisponha uma compreensão da importância de ser no mundo, é preciso utilizar técnicas e estratégias das ciências do comportamento.

Os pilares da abordagem do Exercício Intuitivo Integrativo são:

- Resgate da essência da Educação Física: exercitar-se para além de um corpo biológico para obter benefícios fisiológicos, mas também para deleitar a alma.

- Assumir o conceito de saúde multidimensional: conforme explicitado anteriormente na Figura 1, o exercício tem como propósito contribuir com várias dimensões da saúde.

- Motivação e intenção para se movimentar: o impulso que move o sujeito para a ação é norteado por motivações intrínsecas, ou seja, pelo interesse, por satisfação, desafio e prazer – associado a intenções que podem ser escolhidas para envolver a ação e dar um significado que valorize os efeitos agudos da prática (exemplo: comecei a prática desanimado ou cansado e concluí revigorado e reenergizado). Os resultados em longo prazo acontecerão simplesmente como desdobramento de um engajamento natural e interessado, às custas de um acúmulo de vivências (aulas e movimentos) que estimulam querer repetir a dose de dar atenção e cuidado ao corpo, evitando ao máximo sensações negativas de fracasso, mal-estar ou falha durante o treino/prática.

- Aceitação da diversidade corporal: compreender que existem biotipos corporais diversos, advindos de culturas e hereditariedades mescladas, portanto, explorar o movimento corporal e praticar modalidades com uma atitude curiosa com o objetivo de descobrir qual a prática que faz mais sentido para cada momento de vida e de corpo.

- Respeito à biomecânica do corpo: movimentar o corpo com responsabilidade sobre a condição física, mental e emocional apresentada no momento da prática, com respeito e atenção aos sinais de dor para discernir se são as dores inerentes ao exercício ou se são dores que sinalizam um desrespeito com os limites e as capacidades articulares do corpo. A incapacidade de discernir esses sinais é um indício de que a conexão com o corpo está defasada. A desconexão com o corpo predispõe tanto a adoção de comportamentos sedentários quanto de práticas excessivas e/ou compulsivas – exercício disfuncional, fatores preditores e mantenedores de comportamentos transtornados quanto ao corpo e à comida.

- Qualidade meditativa da prática corporal: atitude de atenção plena ou *mindfulness* durante a prática corporal, como um curioso que quer investigar seu corpo, sem vergonha de errar e sem se julgar como incapaz. Assim, a prática pode se tornar um momento de usufruir do contraste de sentir o vigor e a exaustão do corpo como uma estratégia de suscitar um relaxamento profundo após a prática, para contemplar a volta à calma e toda rica sabedoria do corpo de regular os sistemas sem que sejam necessários comandos – tomar consciência disso pode ser uma oportunidade de escolher se sentir muito grato pela existência de seu corpo.

- Cuidado integral do ser: a prática do movimento, a escolha de um comportamento ativo e o exercitar-se é uma decisão de cuidar de si cultivando virtudes e, consequentemente, ser uma pessoa melhor para si mesmo, para o seu entorno e para o mundo.

Para ilustrar na prática essa abordagem, a Figura 2 apresenta um esquema que exemplifica um antes, um durante e um depois de uma prática. Vale ressaltar que qualquer prática corporal pode ser experienciada nessa abordagem, que tem como propósito uma mudança de atitude perante ao movimento e ao exercício físico.

Para desconstruir crenças antigas, por vezes até disfuncionais, que trazem algum prejuízo e/ou sofrimento para o comportamento ativo com equilíbrio e saúde multidimensional, é necessário integrar bases de teorias e técnicas a fim de somar forças para uma ação interdisciplinar e, assim, facilitar o processo de uma nova atitude emergir, bem como os comportamentos e hábitos que tanto fazem bem para a saúde integral do ser humano.

Nesse sentido, entre o arsenal de estratégias para promover a mudança de comportamento, tem-se as bases das seguintes teorias e técnicas: o Comer Intuitivo (TRIBOLE; RESCH, 2012), a Terapia Cognitivo Comportamental (KNAPP; BECK, 2008), a Entrevista Movitacional (MILLER; ROLLNICK, 2002; CLIFFORD; CURTIS, 2016), a Meditação Ativa (OSHO, 2007), a Dissonância Cognitiva (HARMON-JONES; MILLS, 2019; FESTINGER, 1957), a Diversidade Corporal na visão do *Health at every size* (BACON, 2010), *Mindfulness* e Autocompaixão (NEFF; GERMER, 2019), e os princípios de biomecânica e fluidez do movimento proposto por Godelieve Denys-Struyf (CAMPIGNION, 2003; DENYS-STRUYF, 1995).

Ainda existem muitas outras bases teóricas para mudança de comportamento que podem ser incorporadas como ferramentas para desenvolver a atitude de praticar um Exercício Intuitivo. Para tanto, como um primeiro passo para avançar na discussão desse novo paradigma, os referenciais teóricos supracitados já se revelam como um caminho promissor.

Figura 1 – Esquema ilustrativo para percepção ampliada na prática de Exercício Intuitivo

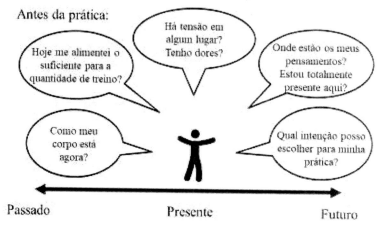

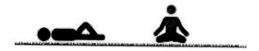

Fonte: Teixeira (2019)

1.7 O PROFISSIONAL DE SAÚDE QUE INCENTIVA O EXERCÍCIO INTUITIVO

A nosso ver, o profissional de Educação Física é o indicado para prescrever e orientar o Exercício Intuitivo Integrativo, desde que capacitado nas bases necessárias para o desenvolvimento dessa teoria na prática. No entanto, qualquer profissional de saúde pode mostrar a existência dessa abordagem, especialmente para aqueles que estiverem numa prática disfuncional do exercício ou com histórico de tentativas de se exercitar regularmente sem sucesso.

Uma das características fundamentais para atuar nessa abordagem é a sensibilidade, uma qualidade que todo ser humano possui, mas que apenas alguns se apropriam e a utilizam com maior frequência do que outros. Aqueles que acreditam que não têm nenhuma sensibilidade, se quiserem podem desenvolvê-la.

Para estar conectado com sua capacidade intuitiva, isto é, a sabedoria corporal, e atuar na abordagem do Exercício Intuitivo, é imprescindível:

- Buscar autoconhecimento: o objetivo de estar inteiramente presente, à disposição de compreender o aluno e auxiliá-lo a partir da visão de mundo dele e não do que se acredita que é certo do ponto de vista do especialista que estudou e que sabe o que é melhor para ele.

- Desenvolver-se e apropriar-se de virtudes como compaixão e respeito, principalmente pela história vivida pelo corpo que se movimenta, para, com base nessa compreensão, facilitar o engajamento do aluno a uma modalidade que faça sentido e que favoreça a satisfação dele.

- Adquirir competências e habilidades interpessoais para ser capaz de praticar a alteridade, dar escuta ativa à necessidade do seu aluno, a fim de propor um plano de ação de engajamento numa modalidade específica e/ou aquisição de um estilo de vida ativo.

Nessa abordagem o profissional de Educação Física torna-se um facilitador de um processo em que o aluno é o protagonista e o mérito das conquistas é do aluno. A aula só acontece porque o aluno chegou para a prática e permitiu-se vivenciar a experiência. Logo, o praticante/aluno também assume um papel de corresponsável pelos exercícios que pratica, ou seja, ao dar atenção plena a cada movimento, ele ocupa-se em dar feedback para o professor sobre o que está acontecendo ou percebendo no seu corpo, ou, ainda, se estiver sem orientação específica, a auto-observação acontece a fim de contemplar tudo o que está acontecendo consigo mesmo naquele momento (*autofeedback*).

Muitos atributos são indispensáveis para o profissional de Educação Física ter êxito nessa abordagem, e um dos recursos com maior potencial para atingir esse sucesso é a prática pessoal de meditação como estratégia para cuidar de si e se conhecer. A ciência tem comprovado que meditar melhora nosso jeito de ser e de nos relacionarmos no mundo (GOLEMAN; DAVIDSON, 2017). O senso de humanidade compartilhada que a prática de meditação adequada e bem orientada desenvolve em nós facilita de forma muito natural e espontânea a capacidade do profissional de Educação Física atuar nesse campo.

CONSIDERAÇÕES FINAIS

O Exercício Intuitivo Integrativo considera o praticante como um ser humano multidimensional e convida-o para fazer uma breve pausa a fim de consultar a si mesmo, escolher um exercício que o motive intrinsecamente, observar seu corpo antes de iniciar uma prática, aproveitar esse momento para intencionar algo de bom para si e para o todo (a sua volta), conectar-se com a sua respiração, visualizar mentalmente como deseja que seja a sua prática (começo, meio e fim) e entregar-se à atividade total e plenamente, numa qualidade meditativa.

Muito ainda pode ser desenvolvido em cada um dos princípios e conceitos aqui descritos. Este capítulo é apenas um diálogo inicial a ser aprofundado com pesquisas futuras. No entanto, se ao ler este capítulo o leitor se permitir refletir sobre como está a sua relação com o exercício, sentir vontade de movimentar seu corpo a fim de cuidar de si e proporcionar um momento de prazer e de satisfação, a saúde plena será uma consequência natural e a conduta do profissional que se identificar e viver em si mesmo tornar-se-á um potencial multiplicador dessa ideia.

REFERÊNCIAS

ALVARENGA, M. S. *et al.* (org.). **Nutrição comportamental**. 2. ed. Barueri: Manole, 2019.

ALVES, F. S.; CARVALHO, Y. M. Práticas corporais e grande saúde: um encontro possível. **Movimento**, [*S. l.*], v. 16, n. 4, p. 229-244, 2010.

AMBROSIO, U. A metáfora das gaiolas epistemológicas e uma proposta educacional. **Perspectivas da Educação Matemática**, [*S. l.*], v. 9, n. 20, p. 222-234, 2016.

AMERICAN PSYCHOLOGICAL ASSOCIATION (APA). **Multitasking**: switching costs. American Psychological Association, 2006. Disponível em: https://www.apa.org/research/action/multitask. Acesso em: 17 fev. 2020.

AMERICAN PSYCHIATRIC ASSOCIATION (APA). **Diagnostic and statistical manual of mental disorders**. Fifth Edition. Arlington, VA: American Psychiatric Association, 2013.

BACON, L. **Health at every size**: the surprising truth about your weight. Dallas, Texas: BenBella Books, 2010.

BRASIL. Ministério da Saúde. Secretaria de Vigilância em Saúde. Departamento de Análise em Saúde e Vigilância de Doenças não Transmissíveis. **Vigitel Brasil 2018**: vigilância de fatores de risco e proteção para doenças crônicas por inquérito telefônico. Estimativas sobre frequência e distribuição sociodemográfica de fatores de risco e proteção para doenças crônicas nas capitais dos 26 estados brasileiros e no Distrito Federal em 2018. Ministério da Saúde, Secretaria de Vigilância em Saúde, Departamento de Análise em Saúde e Vigilância de Doenças não Transmissíveis. Brasília: Ministério da Saúde, 2019.

CAMPIGNION, P. **Aspectos biomecânicos**: cadeias musculares e articulares. São Paulo: Summus, 2003.

CASPERSEN, C. J. et al. Physical activity, exercise, and physical fitness: definitions and distinctions for health-related research. **Public Health Reports**, Washington, v. 100, n. 2, p. 126-131, 1985.

CLIFFORD, D.; CURTIS, L. **Motivational interviewing in nutrition and fitness**. New York: Guilford Press, 2016.

DENYS-STRUYF, G. **Cadeias musculares e articulares**. São Paulo: Summus, 1995.

DITTMAR, H. Vulnerability factors and processes linking sociocultural pressures and body dissatisfaction. **Journal of Social and Clinical Psychology**, [S. l.], v. 24, n. 8, p. 1081-1087, 2005.

FERREIRA, M. S.; NAJAR, A. L. Programas e campanhas de promoção da atividade física. **Ciência & Saúde Coletiva**, Rio de Janeiro, v. 10, p. 207-219, 2005.

FESTINGER, L. **A theory of cognitive dissonance**. Evanston, IL: Row, Peterson, 1957.

FONTES, S. V. **Cuidados integrativos**: interface entre saúde transdimensional e educação transdisciplinar. 2009. Monografia (Especialização em Teorias e Técnicas para Cuidados Integrativos) – Departamento de Neurologia e Neurocirurgia, Universidade Federal de São Paulo, São Paulo, 2009.

GOLEMAN, D.; DAVIDSON. R. **Altered traits**: science reveals how meditation changes your mind, brain, and body. New York: Penguin, 2017.

HARMON-JONES, E.; MILLS, J. An introduction to cognitive dissonance theory and an overview of current perspectives on the theory. *In*: HARMON-JONES, E. (ed.). **Cognitive dissonance**: reexamining a pivotal theory in psychology. 2. ed. Washington: American Psychological Association, 2019.

HIEBER, N.; BERRETT, M. Intuitive Exercise. **Hope & Healing E-Newsletter**, [*S. l.*], v. 8, n. 3, p. 7-10, 2003.

KNAPP, P.; BECK, A. T. Fundamentos, modelos conceituais, aplicações e pesquisa da terapia cognitiva. **Revista Brasileira de Psiquiatria**, São Paulo, v. 30, suppl. 2, p. 54-64, 2008.

LEITZMANN, M. F.; JOCHEM, C.; SCHMID, D. **Sedentary behaviour epidemiology**. Switzerland: Springer, 2017.

LIRA, A. G. *et al*. Uso de redes sociais, influência da mídia e insatisfação com a imagem corporal de adolescentes brasileiras. **Jornal Brasileiro de Psiquiatria**, Rio de Janeiro, v. 66, n. 3, p. 164-171, 2017.

MEDINA, J. P. S. **A educação física do corpo... e "mente"**. Bases para a renovação e transformação da educação física. 9. ed. Campinas: Papirus, 1990.

MILLER W. R.; ROLLNICK, S. **Motivational interviewing**: preparing people to change. 2. ed. New York: Guilford Press, 2002.

NEFF, K.; GERMER, C., **Manual de mindfulness e autocompaixão**: um guia para construir forças internas e prosperar na arte de ser seu melhor amigo. Porto Alegre: Artmed, 2019.

OSHO. Osho International Foundation. **Meditação**: primeira e última liberdade. Rio de Janeiro: GMT Editores, 2007.

PAINTER, R. C. *et al*. Transgenerational effects of prenatal exposure to the Dutch famine on neonatal adiposity and health in later life. **BJOG: An International Journal of Obstetrics & Gynaecology**, [*S. l.*], v. 115, n. 10, p. 1243-1249, 2008.

REEL, J. J.; MIYAIRI, M. The right 'dose'of activity: Health educators should promote mindful and intuitive exercise. **Community Medicine & Health Education**, [S. l.], v. 2, p. 9-10, 2012.

REEL, J. J.; VOELKER, D. Exercise to the extreme? Identifying and addressing unhealthy exercise behaviors. *In*: SCHINKE, R. (ed.). **Athletic insight's writings of 2012**. Hauppauge, NY: Nova Science, 2012. p. 301-315.

REMINGTON, R.; LOFT, S. Attention and multitasking. *In*: BOEHM- DAVIS, D. A.; DURSO, F. T.; LEE, J. D. **APA handbook of human systems integration**. Washington: American Psychological Association, 2015. p. 261-276.

RUBIO, K. **O atleta e o mito do herói**: o imaginário esportivo contemporâneo. São Paulo: Casa do Psicólogo, 2001.

SOLOMON, H. **O mito do exercício**. São Paulo: Summus, 1991.

STRINGHINI, S. *et al*. Socioeconomic status and the 25× 25 risk factors as determinants of premature mortality: a multicohort study and meta-analysis of 1.7 million men and women. **The Lancet**, London, v. 389, n. 10075, p. 1.229-1.237, 2017.

TEIXEIRA, P. C. Estratégias do exercício intuitivo na nutrição comportamental. *In*: ALVARENGA, M. S. *et al*. (org.). **Nutrição comportamental**. 2. ed. Barueri: Manole, 2019. p. 505-523.

TEIXEIRA, P. C. *et al*. A prática de exercícios físicos em pacientes com transtornos alimentares. **Archives of Clinical Psychiatry**, São Paulo, v. 36, n. 4, p. 145-152, 2009.

TEIXEIRA, P. C. **Exercício intuitivo integrativo**. 2016. Monografia (Especialização em Teorias e Técnicas para Cuidados Integrativos) – Departamento de Neurologia e Neurocirurgia, Universidade Federal de São Paulo, São Paulo, 2016.

TEIXEIRA, P. C. **Perfil de atividade física em pacientes com transtornos alimentares**. 2014. 169 f. Tese (Doutorado em Neurociências e Comportamento) – Instituto de Psicologia, Universidade de São Paulo, São Paulo, 2014.

TRIBOLE, E.; RESCH, E. **Intuitive eating**: a revolutionary program that works. 3. ed. New York: ST. Martin's Griffin, 2012.

U.S. DEPARTMENT OF HEALTH AND HUMAN SERVICES. **Physical Activity and Health**: A Report of the Surgeon General. Atlanta: U.S. Department of Health and Human Services, Centers for Disease Control and Prevention, National Center for Chronic Disease Prevention and Health Promotion, 1996.

WORLD HEALTH ORGANIZATION. **Global recommendations on physical activity for health**. Switzerland: World Health Organization, 2011. Disponível em: https://www.who.int/dietphysicalactivity/factsheet_adults/en/. Acesso em: 17 fev. 2020.

WORLD HEALTH ORGANIZATION. **Guidelines on physical activity, sedentary behaviour and sleep for children under 5 years of age**. Switzerland: World Health Organization, 2019. Disponível em: https://apps.who.int/iris/handle/10665/311664. Acesso em: 17 fev. 2019.

YOUNG, D. **How to think about exercise**. London: Pan Macmillan, 2014.

CAPÍTULO 2

DA *DRIVE FOR THINNESS* À *MUSCULARITY CONCERNS*: MUDANÇAS DA PREOCUPAÇÃO DE MULHERES COM A IMAGEM CORPORAL

Priscila Figueiredo Campos
Maurício Almeida
Pedro Henrique Berbert de Carvalho

INTRODUÇÃO

A imagem corporal vem ganhando espaço em distintas áreas de conhecimento, destacando-se a Psicologia, Psiquiatria, a Nutrição e a Educação Física. Na atualidade, a imagem corporal é compreendida como a imagem que o indivíduo tem do tamanho, da forma e do contorno corporal, bem como os sentimentos em relação a essas características e às partes que a constituem (SLADE, 1994).

Logo, ela tem sido delineada como um construto dinâmico e multifacetado, não só como uma construção cognitiva, mas também um reflexo dos desejos, das emoções e da interação social (CASH; PRUZINSKY, 2002). Com base nessas características, pesquisadores têm concordado em caracterizá-la, principalmente para fins de estudo e pesquisa, em duas grandes dimensões, a saber: atitudinal e perceptiva.

A dimensão perceptiva está relacionada à precisão/imprecisão em julgar o tamanho, a forma e o peso corporal. Já a dimensão atitudinal divide-se em três componentes: (1) afetivo – sentimentos positivos e/ou negativos em relação ao corpo, que resulta da avaliação subjetiva de eventos ou situações cotidianas; (2) cognitivo – crenças e pensamentos direcionados ao próprio corpo; e (3) comportamental – ações relacionadas ao próprio corpo, como comportamentos evitativos de exposição corporal ou de determinada área a outras pessoas, visando reduzir desconfortos emocionais advindos da exposição (CASH; PRUZINSKY, 2002).

Diferentes perspectivas teóricas foram desenvolvidas buscando compreender a imagem corporal com base no suporte empírico e teórico de cada uma dessas áreas. Cash e Smolak (2011) destacam seis perspectivas teóricas: Evolutiva, Genética/Neurocientífica, Cognitivo-Comportamental, Psicologia Positiva, Feminista e Sociocultural. Cumpre destacar que, para alguns estudiosos, a perspectiva Sociocultural tem sido a principal referência teórica para compreender a etiologia, a prevalência, a incidência, o tratamento e a prevenção dos distúrbios de imagem corporal, transtornos alimentares e dismorfia muscular (GROGAN, 2016; SWAMI, 2015).

A perspectiva Sociocultural de estudos da Imagem Corporal, proposta por Thompson *et al.* (1999) compreende quatro alegações principais: (1) existência de ideais sociais de beleza específicos de cada cultura; (2) tais ideais são transmitidos e reforçados por canais socioculturais (pais, amigos, mídia e outras pessoas/fontes importantes); (3) existe a possibilidade de internalização desses ideais por parte dos indivíduos; (4) e, uma vez internalizados, eles alteram o modo como o indivíduo lida com sua imagem corporal, podendo gerar distúrbios como a insatisfação com a aparência física (NEVES, 2017; THOMPSON *et al.*, 1999).

A pressão gerada pelos canais socioculturais é sentida de maneira diferente por cada indivíduo, que vai conviver constantemente com seus desejos pessoais e com as expectativas sociais, fazendo-o agir de maneiras diversas em busca do corpo ideal (AMARAL *et al.*, 2014). Desse modo, é importante considerar que as influências socioculturais sobre a imagem corporal dos indivíduos podem modular a relação deles com seu corpo, independentemente de sua faixa etária, sexo, etnia, entre outras características sociodemográficas. Ou seja, essas influências têm potencial para modular a imagem corporal de todos os sujeitos.

Apesar disso, os estudos relacionados às influências socioculturais na imagem corporal foram historicamente direcionados à pesquisa de mulheres adolescentes e jovens adultas (THOMPSON *et al.*, 1999). Acredita-se que esse direcionamento se deu a partir do entendimento da importância dos distúrbios de imagem corporal em pacientes com transtornos alimentares, que epidemiologicamente têm sido caracterizados como uma psicopatologia majoritariamente feminina, ainda que o número de homens com transtornos alimentares tenha crescido nos últimos anos (MURRAY *et al.*, 2017).

Percebe-se que o "corpo ideal" propagado pelas fontes de influência sociocultural para as mulheres foi apresentado de maneira particular em cada época, refletindo a influência de aspectos histórico-sociais próprios de cada período ou década. Essas mudanças são facilmente percebidas quando comparamos as vencedoras dos concursos de Miss América das décadas de 1950 com as atuais campeãs. Os corpos das vencedoras daquela época eram mais magros, menos volumosos, e até a altura média das campeãs era menor. Já as vencedoras atuais apresentam corpos bem esculpidos, com pernas, glúteos e abdômen bem definidos e seios fartos, características que representam o novo modelo de corpo ideal. Não obstante, as modelos que estampam as capas de revistas daquele período também se diferem das atuais. Apesar das discrepâncias observadas no ideal corporal entre diferentes períodos históricos, existe uma semelhança entre todas essas épocas: os padrões de corpo propagados socialmente têm conduzido os indivíduos a uma busca constante pelo "corpo ideal".

Autores têm utilizado o termo *drive* para caracterizar essa busca incessante por um determinado arquétipo corporal. Na Psicologia ele pode ser entendido como um desejo inato, biologicamente determinado de atingir uma meta ou satisfazer uma necessidade (COLMAN, 2015). Partindo desse conceito, torna-se necessário compreender como a aparência das mulheres mudou ao longo das décadas. Para isso, em um formato narrativo, descreveremos desde a criação do termo *drive for thinness*, perpassando pela *drive for muscularity* e *drive for leanness*, até chegar às emergentes preocupações femininas com o corpo, o que Girard, Rodgers e Chabrol (2018) descreveram como *muscularity concerns*.

2.1 DA *DRIVE FOR THINNESS* À *MUSCULARITY CONCERNS*

Embora os estudos no passado apresentassem diferenças em relação ao sexo, principalmente quanto à prevalência de transtornos alimentares em mulheres, com ênfase nos fatores hormonais e psicodinâmicos, autores já descreviam a importância de fatores socioculturais para o desenvolvimento dessa psicopatologia (GARNER *et al.*, 1980; SILVERSTEIN *et al.*, 1986).

Pesquisadores começaram a se atentar para como a sociedade moderna conduzia as mulheres para o desenvolvimento dos transtornos alimentares (CHERNIN, 1981; KAPLAN, 1980; ORBACH, 1988). Uma possível explicação para o aumento dessa prevalência é que a partir de meados do século XX, as mulheres começaram a receber pressões para serem irrealisticamente magras (GORDON, 1990; SILVERSTEIN *et al.*, 1986). Acredita-se que esse ideal magro estava relacionado, em parte, às campanhas de marketing das indústrias da moda, que reforçaram esse padrão de beleza nos países ricos e industrializados (GORDON, 1990).

Até a década de 1920, as roupas da moda eram representadas por ilustrações desenhadas à mão. Após esse período, fotografias começaram a ser implementadas e distribuídas nas revistas (GROGAN, 2016). Além disso, um novo modelo de vestimenta feminina começou a ser difundindo após a Primeira Guerra Mundial, os chamados *flapper dress*. Esses vestidos eram exibidos em figuras semelhantes à de um garoto, com peitos achatados e corpo em formato longilíneo (Figura 1). Muitas mulheres de classe média e alta começaram a amarrar seus seios com faixas para achatar sua silhueta, sendo essa característica indispensável para usar esse modelo (CALDWELL, 1981).

Algumas mulheres desenvolviam alta insatisfação corporal (SILVERSTEIN *et al.*, 1986), além de comportamentos deletérios à saúde, que ainda são vistos na sociedade moderna, como dietas restritivas, uso de laxativos, purgativos, vômitos autoinduzidos e prática excessiva de exercícios físicos (AMERICAN PSYCHIATRIC ASSOCIATION [APA], 2013). Esses comportamentos assemelham-se aos critérios diagnósticos de patologias como anorexia nervosa, bulimia nervosa e transtorno da compulsão alimentar (APA, 2013). Em conjunto, essas mudanças levaram a Academia de Ciência de Nova York a realizar, em 1920, uma conferência para estudar as novas características dos transtornos alimentares, que culminou em sua inclusão no *Diagnostic and statistical manual of mental disorders* (DSM), em 1952.

Em um clássico artigo, Garner *et al.* (1980) compararam a "imagem ideal" do corpo feminino apresentados na revista *Playboy* e participantes do concurso de Miss América com o tamanho médio do corpo das mulheres da população em geral. Os resultados demonstraram que ao longo de 20 anos (1959-1978) houve uma mudança significativa em relação a esse ideal, com redução do peso médio das mulheres da revista *Playboy* e Miss América. Em contrapartida, houve aumento de peso das mulheres da população em geral. Garner *et al.* (1980) também encontraram um aumento no número de dietas voltadas para o emagrecimento em artigos de seis revistas destinadas para o público feminino (*Harpers Bazaar, Vogue, Ladies Home Journal, Good Housekeeping, Woman's Day* e *McCall*).

Figura 1 – Alice Joyce (1926)

Fonte: Beyond My Ken; Wikimedia commons; domínio público. Disponível em: https://en.wikipedia.org/wiki/Alice_Joyce. Acesso em: 1 dez. 2022

Posteriormente, Silverstein *et al.* (1986) identificaram que o padrão de atratividade corporal para as mulheres em duas revistas de maior influência da época (*Vogue* e *Ladies Home Journal*), apresentaram diferenças significantes em relação ao tempo, com revistas da década de 1960 e 1970 demonstrando um corpo mais magro e com menos curvas em relação às décadas de 1940 e 1950. Analogamente a esse estudo, eles conduziram uma comparação entre a aparência das principais atrizes de cinema das décadas 1940-1959 (Esther Williams, Greer Garson, Susan Hayward e Marilyn Monroe) e das décadas de 1960 a 1970 (Goldie Hawn, Jill Clayburgh, Diane Keaton e Jane Fonda). Assim como nas revistas, as atrizes que refletiam o modelo de atratividade feminina a ser seguido tornaram-se mais magras com o passar do tempo (Figuras 2 e 3).

Na década seguinte, buscando verificar se o padrão corporal identificado por Garner *et al.* (1980) e Silverstein *et al.* (1986) ainda permanecia, Wiseman *et al.* (1992) conduziram uma atualização desses achados. Eles, então, analisaram as revistas *Playboy* e as candidatas a Miss América entre os anos de 1979 a 1988. Assim como seus antecessores, eles identificaram que o ideal cultural para o tamanho corporal das mulheres permaneceu magro. Em outra análise, utilizando as mesmas revistas que Garner *et al.* (1980), os pesquisadores viram que não só artigos sobre dietas estavam presentes, também havia textos sobre exercícios físicos. Em conjunto, as descobertas desses estudos contribuíram para identificar uma revolução da sociedade em direção a um corpo idealmente mais magro para as mulheres, no qual as dietas e os exercícios físicos eram primordiais.

Figura 2 – Marilyn Monroe (1946)

Fonte: foto de Norma Jeane Baker, sem data. Disponível em: http://tribupedia.com/becoming-marilyn- monroe-rise-of-norma-jeane-baker/sexy-bikini-photo-of-norma-jeane-baker-dougherty-in-bikini-1946-before- marilyn-monroe/. Acesso em: 1 dez. 2022

Figura 3 – Jane Fonda (1970)

Fonte: Liam Carter, Março (2017). Disponível em: https://histolines.wordpress.com/2017/03/02/jane-fonda- showing-her-flexibility-in-a-see-through-onesy-in-the-1970s/. Acesso em: 1 dez. 2022

A primeira menção ao termo *drive for thinness* foi dada por Garner, Olmstead e Polivy em 1983, representando as pressões culturais para as mulheres apresentarem um físico magro mediante dietas, exercícios físicos e outros comportamentos insalubres e compensatórios para perda de peso. O termo *drive for thinness* foi utilizado para descrever as preocupações excessivas que as mulheres apresentavam em relação ao peso e à forma corporal, caracterizado principalmente pelo medo extremo de ganhar peso (GARNER; OLMSTEAD; POLIVY, 1983).

Os autores desenvolveram um instrumento denominado Eating Disorder Inventory (EDI), destinado a avaliar os principais sintomas de indivíduos com anorexia ou bulimia nervosa. A escala é composta de 64 itens, divididos em oito fatores, a saber: Drive for Thinness, Interoceptive Awareness, Bulimia, Body Dissatisfaction, Inefectiveness, Maturity Fears, Perfectionism e Interpersonal Distrust. Em especial, os autores destacaram que as subescalas Drive for Thinness, Bulimia e Body Dissatisfaction avaliam comportamentos e atitudes relacionados à alimentação e ao formato corporal. Embora essas sejam características presentes em sujeitos com anorexia e bulimia nervosa, elas podem estar presentes em populações não clínicas.

Partindo desse pressuposto, a subescala Drive for Thinness passou a ser um dos instrumentos mais utilizados para investigar os principais aspectos da imagem corporal feminina. Assim, desde a sua criação ela tem apresentado correlação com sintomas bulímicos, depressão, insatisfação corporal, perfeccionismo, maturação sexual, índice de massa corporal, aparência física, baixa autoestima, ansiedade, criticismo, *drive for leanness* e *drive for muscularity* (FERNANDEZ; PRITCHARD, 2012; GARNER; OLMSTEAD; POLIVY, 1983; KELLEY; NEUFELD; MUSHER-EIZENMAN, 2010; RUGGIEIRO *et al.*, 2003; SMOLAK; MURNEN, 2008; STRIEGEL-MOORE *et al.*, 1995; WIEDERMAN; PRYOR, 2000).

Os pesquisadores estimavam que a extensa maioria das mulheres desejasse ter um corpo mais magro ou expressavam preocupações com o excesso de peso (FRANKO, 2002; GARNER; OLMSTEAD; POLIVY, 1983; STRIEGEL-MOORE *et al.*, 1995). Contudo pesquisas reconheceram que algumas mulheres apresentavam o desejo de ser mais musculosas e definidas, em contrapartida ao ideal magro (KRANE *et al.*, 2004; POPE JÚNIOR *et al.*, 1997). Pope Júnior *et al.* (1997), por exemplo, identificaram que mulheres fisiculturistas apresentavam alto comprometimento social e profissional, bem como faziam uso de esteroides anabolizantes para alcançar um físico mais musculoso.

Apesar do foco das preocupações femininas até aquele momento ser um corpo magro, com cintura fina e seios, glúteos e coxas mais volumosas, algumas mulheres já demonstravam um desejo distinto, visando um corpo mais definido ou musculoso. Partindo do pressuposto que a *drive for thinness* era relativamente mais rara em homens do que em mulheres, McCreary e Sasse (2000) identificaram que a forma corporal mais desejada pelos homens enfatizava a massa e o volume muscular, o que os pesquisadores chamavam, até aquele momento, de *muscular mesomorph ideal* (MISHKIND et al., 1986). Acredita-se que, assim como a aparência ideal feminina, a cultura ocidental pode ter contribuído para esse estereótipo mesomórfico, enfatizando que muscularidade e masculinidade eram sinônimas (LEIT; POPE JÚNIOR; GRAY, 2001; LEIT; GRAY; POPE JÚNIOR, 2002; MISHKIND et al., 1986; POPE JÚNIOR et al., 1999).

McCreary e Sasse (2000) contribuíram para um movimento que começou a identificar que os homens também apresentavam distúrbios de imagem corporal com foco na muscularidade. Assim, para estimular a pesquisa eles criaram o termo *drive for muscularity*.

Drive for muscularity foi descrita inicialmente como atitudes e comportamentos que refletem o desejo que o indivíduo tem de desenvolver um físico musculoso (McCREARY; SASSE, 2000). Para os autores, enquanto a *drive for thinness* representava os desejos femininos em relação à aparência, a *drive for muscularity* representava o desejo masculino por um físico com maior volume e mais massa muscular.

Concomitantemente à criação do termo *drive for muscularity*, McCreary e Sasse (2000) desenvolveram a Drive for Muscularity Scale, um instrumento que tinha como objetivo investigar as principais atitudes e comportamentos dos indivíduos em relação à busca pela muscularidade. Eles reuniram um grupo de adolescentes, de ambos os sexos, que realizavam treinamento de força e perguntaram o que os motivava a treinar e como eles se sentiam quando terminavam uma sessão de treinamento (McCREARY; SASSE, 2000). Além disso, eles analisaram diversas revistas da área buscando possíveis indícios desses sentimentos e comportamentos.

Com base nas entrevistas e nas buscas realizadas, eles desenvolveram uma lista de questões que foram aplicadas a um grupo de indivíduos que realizavam treinamento de força, com o objetivo de pontuar seus principais anseios. Dessa forma, os autores desenvolveram os 15 itens da Drive for Muscularity Scale (McCREARY; SASSE, 2000). Embora as mulheres tenham sido incluídas, os autores alertaram para o fato de que a escala pode não ser a mais indicada para avaliação de mulheres, pois alguns de seus itens poderiam não representar as principais preocupações femininas com o corpo (McCREARY; SASSE, 2000).

Contudo, um equívoco de diversos estudiosos até pouco tempo atrás era pensar que *drive for thinness* e *drive for muscularity* eram termos mutuamente excludentes. Kelley, Neufeld e Musher-Eizenman (2010) compararam a *drive for thinness* e *drive for muscularity* em homens e mulheres universitários, buscando compreender se eles ocorrem simultaneamente. Eles identificaram que as mulheres com certo grau de *drive for thinness* e *drive for muscularity* tinham níveis semelhantes de ansiedade em relação àquelas que apresentavam apenas o *drive for thinness* ou *drive for muscularity*.

O estudo de McCreary e Sasse (2000) já nos dava indícios desses resultados, demonstrando que tanto para homens quanto para mulheres, a *drive for muscularity* estava relacionada ao aumento dos sintomas depressivos e da baixa autoestima. Recentemente, a Drive for Muscularity Scale foi validada para mulheres brasileiras (CARVALHO et al., 2019) e a pesquisa confirmou correlações do construto com índice de massa corporal e comportamentos alimentares desordenados, indicando que a busca pela muscularidade está associada a desfechos negativos para a saúde das mulheres.

Torna-se claro nos estudos sobre imagem corporal conduzidos até meados da década passada que o foco das preocupações masculinas com o corpo era a muscularidade, enquanto as mulheres gostariam de estar magras e em forma (CAFRI; THOMPSON, 2004; McCREARY; SAUCIER; COURTENAY, 2005; SMOLAK; MURNEN, 2008; THOMPSON; CAFRI, 2007).

Contudo o que se observou é que existe um limite para esses desejos. Ou seja, ambos os sexos gostariam de alcançar certo nível de definição corporal (SMOLAK; MURNEN, 2008) e não um limiar extremo de muscularidade ou magreza. Dessa forma, homens desejavam ser musculosos e definidos, enquanto as mulheres magras e torneadas (McCREARY; SAUCIER; COURTENAY, 2005; RIDGEWAY; TYLKA, 2005).

Preocupados com essas características, Smolak e Murnen (2008) criaram o termo *drive for leanness*, que pode ser entendido como a motivação em ter relativamente baixa quantidade de gordura corporal e ao mesmo tempo certo grau de definição muscular, ou seja, ter músculos fisicamente em forma (tonificados) (SMOLAK; MURNEN, 2008). As autoras destacam, ainda, que o desejo de ter um baixo percentual de gordura corporal é diferente do desejo de ser magra. Além disso, os resultados encontrados pelas autoras indicaram que a *drive for leanness* adicionou explicação significativa para a compreensão da *drive for muscularity* em homens e *drive for thinness* em mulheres, e que os escores da *drive for leanness* não apresentaram diferenças em relação ao sexo, indicando que tanto homens como mulheres desejavam um corpo mais definido (SMOLAK; MURNEN, 2008). Dessa forma, a *drive for leanness* representa um desejo por uma aparência física em particular, que está relacionada, mas é uma forma distinta da *drive for thinness* e da *drive for muscularity*.

Estudos recentes têm confirmado esses achados indicando a correlação da *drive for leannness* com ambos, *drive for muscularity* e *drive for thinness* (TOD; HALL; EDWARDS, 2012). A *drive for leanness* tem apresentado, ainda, correlação com internalização atlética, exercício físico em excesso, vergonha corporal, consumo de suplementos alimentares e dietas (SMOLAK; MURNEN, 2011; TOD; HALL; EDWARDS, 2012).

Desse modo, na última década, a mídia tem enfatizado não só um corpo magro para as mulheres, mas com músculos firmes e tonificados (GIRARD; RODGERS; CHABROL, 2018). As modelos que estão representadas nas capas das revistas já não são basicamente magras. Elas têm projetado uma aparência definida, o que tem contribuído para um aumento dos níveis de *drive for muscularity* na população feminina (WEBB *et al.*, 2017), que vem sendo atraída por imagens de mulheres musculosas e definidas em comparação a imagens de mulheres magras (BOZSIK *et al.*, 2018).

Essas mudanças têm sido atribuídas principalmente ao recente aumento dos sites e mídias sociais dedicados ao *fitspiration* (combinação das palavras *fitness* e *inspiration*). Esse fenômeno é caracterizado por imagens projetadas para pretensamente motivar as pessoas a se exercitarem e buscarem um estilo de vida saudável (TIGGEMANN; ZACCARDO, 2015).

O *fitspiration* tem sido visto como uma alternativa mais saudável aos sites de *thinspiration* (combinação de *thin* e *inspiration*), este último descrito como a propagação de imagens acompanhadas de textos que inspiram os internautas a perderem peso e adotarem comportamentos similares aos adotados por pessoas com transtornos alimentares (TIGGEMANN; ZACCARDO, 2015).

O corpo musculoso e tonificado tornou-se um símbolo de força de vontade, energia e controle para as mulheres (GROGAN, 2016). Além disso, esse padrão corporal tem sido visto como sinônimo de sucesso. Entretanto a maioria das pessoas não tem corpos esbeltos e tonificados naturalmente, então elas têm que adotar hábitos como a prática regular de exercícios físicos e dietas (GROGAN, 2016). Em conjunto, essas características têm contribuído para o desenvolvimento do que Girard, Rodgers e Chabrol (2018) denominam de *muscularity concerns*. Devido a sua atualidade, a definição e as principais características desse termo serão discutidas no próximo tópico.

2.2 MUSCULARITY CONCERNS

Estudos recentes legitimam a importância da muscularidade para a imagem corporal de mulheres (CARVALHO *et al.*, 2019; GIRARD *et al.*, 2018; RODGERS *et al.*, 2018). No entanto, é consenso entre os pesquisadores que nas mulheres observamos preocupações com a muscularidade ao invés de uma busca pela muscularidade incessante como no caso dos homens. Por esse motivo, entende-se que o construto *drive for muscularity* não se aplica predominantemente ao universo feminino. *Drive* pode ser entendido como a busca ou o desejo por algo que, no caso, corresponde ao desejo ou ao anseio por um corpo mais musculoso, com maior quantidade de massa muscular. Os homens demonstram essa busca/desejo pela muscularidade, ou seja, nos homens podemos observar mais comumente o *drive for muscularity*.

Com o avanço das pesquisas na área da muscularidade, observou-se que as mulheres apresentam certo apreço pela aparência muscular, contudo essa ligação mulher-muscularidade apresenta-se de maneira diferente do que nos homens. Assim, surgiu um novo conceito para classificar a relação das mulheres com a muscularidade, a *muscularity concerns* (CARVALHO *et al.*, 2019; GIRARD *et al.*, 2018; RODGERS *et al.*, 2018).

Entende-se o termo *muscularity concerns* como as preocupações relacionadas à muscularidade, mas que não necessariamente levam o indivíduo à busca ou ao desejo de ter um corpo mais musculoso, volumoso, maior em termos de estrutura muscular. As mulheres preocupam-se em ter certa quantidade de músculos, um corpo mais definido e tonificado, com baixa quantidade de gordura e pouco volume muscular.

Um modelo teórico avaliou as preocupações com a imagem corporal, incluindo aquelas relacionadas à magreza e à muscularidade, em mulheres jovens, na França (GIRARD *et al.*, 2018). Percebe-se que a muscularidade tem demonstrado ser cada vez mais presente nos ideais corporais de mulheres, ao lado das preocupações que elas já expressavam pela magreza. Sabe-se, de igual modo, que as influências socioculturais podem contribuir para o aumento das preocupações com a imagem corporal e para a adoção de comportamentos de mudança corporal maléficos à saúde.

Sensíveis a essas modificações nos ideais corporais das mulheres, Rodgers *et al.* (2018) desenvolveram a Female Muscularity Scale (FMS), um instrumento concebido especialmente para as mulheres. A FMS é capaz de avaliar comportamentos e atitudes relacionados às preocupações com a muscularidade, incluindo o desejo por um corpo mais firme, tonificado e esculpido.

O desenvolvimento da FMS vem ao encontro da crescente preocupação que as mulheres têm demonstrado pela muscularidade. Até então, o instrumento mais utilizado para avaliar a busca pela muscularidade, tanto em homens quanto em mulheres, era a Drive for Muscularity Scale (DMS), criada por McCreary e Sasse em 2000. Porém, como já mencionado, desde a sua criação, a DMS apresentava fragilidades quanto à sua utilização para avaliação da preocupação com a muscularidade em mulheres. Nesse sentido, a criação da FMS supre a lacuna científica de produzir um instrumento específico para mulheres, sensível às necessidades e desejos delas.

A FMS foi elaborada e testada para a população norte-americana (RODGERS *et al.*, 2018). Sabe-se que o adequado é a realização da adaptação transcultural para que os instrumentos possam ser efetivamente utilizados em outros contextos culturais, diferentes daqueles onde foram desenvolvidos. Sendo assim, Campos (2019) propôs adaptar transculturalmente a FMS para jovens mulheres brasileiras, oferecendo aos profissionais e pesquisadores da área um instrumento com indícios de validade e confiabilidade para ser utilizado nessa população. O Quadro 1 apresenta os itens que compõem a versão brasileira do instrumento.

Quadro 1 – Versão brasileira da FMS

Female Muscularity Scale	
Item 1	Eu gostaria de ser mais tonificada/firme.
Item 2	Eu gostaria que meu abdômen fosse mais definido.
Item 3	Eu gostaria que meu corpo fosse mais firme.
Item 4	Eu gostaria de ser mais esculpida/desenhada.
Item 5	Eu vou à academia para parecer mais forte.

Female Muscularity Scale	
Item 6	Eu treino para melhorar o formato de meu corpo.
Item 7	Eu me exercito para ter músculos mais definidos.
Item 8	Eu acho que eu pareceria mais atraente se eu fosse mais tonificada/firme.
Item 9	Eu me exercito para tentar parecer em forma e esculpida/desenhada.
Item 10	Eu me exercito para que as pessoas notem que eu sou esculpida/desenhada.

Fonte: Campos (2019)

A versão brasileira da FMS foi testada em dois grupos distintos: mulheres fisicamente ativas e insuficientemente ativas. Os resultados demonstraram que podemos observar *muscularity concerns* nos dois grupos, ou seja, mesmo as mulheres insuficientemente ativas demonstram alguma preocupação com a muscularidade. Tal achado nos faz acreditar que a muscularidade tornou-se um componente importante da imagem corporal das mulheres que, agora, buscam um novo modelo de "corpo ideal".

Um dado importante apontado na pesquisa de Campos (2019) foi a associação da *muscularity concerns* com o uso de suplementos alimentares. Os resultados indicam que no grupo de mulheres fisicamente ativas, a utilização de suplementos alimentares apresentou associação significativa com a *muscularity concerns*, demonstrando que as mulheres ativas que utilizam suplementos têm maior preocupação com a muscularidade.

Procurar compreender a relação das mulheres com a muscularidade é algo de extrema importância em um contexto cultural que valoriza a estética e a aparência física, como é o caso brasileiro. Também se faz relevante analisar atitudes e comportamentos associados à *muscularity concerns*, uma vez que dados da literatura têm indicado associação da preocupação com a muscularidade e comportamentos deletérios à saúde, como uma relação disfuncional com a prática de exercícios físicos, abuso de suplementos alimentares, uso de esteroides anabólicos e alimentação desordenada.

Campos *et al.* (2019) confirmam esses dados em recente revisão sistemática sobre *drive for muscularity* em mulheres. Entende-se que o aumento das preocupações com a muscularidade, somado às preocupações pela magreza já demonstradas pelas mulheres, podem desencadear graves transtornos ou psicopatologias, como a depressão, a ansiedade, os comportamentos alimentares desordenados, a baixa autoestima, entre outros.

CONSIDERAÇÕES FINAIS

A imagem corporal é individual e apresenta-se de forma única e particular em cada pessoa. Ainda, sabemos que ela também se modifica e sofre influências o tempo todo. Os canais socioculturais são os principais responsáveis por transmitir os modelos de corpos considerados como "ideais", porém esses modelos mudam com certa frequência, provocando uma constante insatisfação corporal em diversas pessoas.

As mulheres, que outrora demonstravam-se insatisfeitas com o peso, agora também manifestam preocupações com a muscularidade. Sabendo que a muscularidade apresenta correlações consideráveis com desfechos negativos para a saúde das mulheres, há a necessidade de investigar melhor tais relações. Na realidade, alguns aspectos da imagem corporal feminina ainda são obscuros, como a *muscularity concerns*, possivelmente por ser um construto recentemente descrito.

Espera-se que novas pesquisas contribuam de forma a elucidar essas relações, permitindo que pesquisadores e profissionais desenvolvam uma melhor compreensão sobre a imagem corporal feminina. Acredita-se que o uso de escalas apropriadas para a avaliação da preocupação com a muscularidade em mulheres, como a FMS, é fundamental para o entendimento de aspectos da imagem corporal feminina.

REFERÊNCIAS

AMARAL, A. C. S.; CARVALHO, P. H. B.; FERREIRA, M. E. C. A cultura do corpo perfeito: a influência sociocultural na imagem corporal. *In*: FERREIRA, M. E. C.; CASTRO, M. R.; MORGADO, F. F. R. (ed.). **Imagem corporal**: reflexões, diretrizes e práticas de pesquisa. Juiz de Fora: Editora da Universidade Federal de Juiz de Fora, 2014. p. 173-185.

AMERICAN PSYCHIATRIC ASSOCIATION (APA). **Diagnostic and statistical manual of mental disorders (DSM-5®)**. Arlington: American Psychiatric Publishing, 2013.

BOZSIK, F. *et al*. Thin is in? Think again: the rising importance of muscularity in the thin ideal female body. **Sex Roles**, [S. l.], v. 79, n. 9-10, p. 609-615, 2018.

CAFRI, G.; THOMPSON, J. K. Measuring male body image: a review of the current methodology. **Psychology of Men & Masculinity**, [S. l.], v. 5, n. 1, p. 18-29, 2004.

CALDWELL, D. **And all was revealed**: ladies' underwear 1907-1980. New York: St. Martin's Press, 1981.

CAMPOS, P. F. **Adaptação transcultural e avaliação psicométrica da Female Muscularity Scale**: uma análise em mulheres brasileiras fisicamente ativas e insuficientemente ativas. 2019. 136 f. Dissertação (Mestrado em Educação Física) – Universidade Federal de Juiz de Fora, Juiz de Fora, 2019.

CAMPOS. P. F. *et al.* Drive for muscularity em mulheres: uma revisão sistemática. **Motricidade**, Ribeira de Pena, no prelo, 2019.

CARVALHO, P. H. B. *et al.* Is the drive for muscularity scale a valid and reliable instrument for young adult women? **Body Image**, New York, v. 29, p. 1-5, June 2019.

CASH, T. F.; PRUZINSKY, T. (ed.). **Body image**: a handbook of theory, research, and clinical practice. New York: The Guilford Press, 2002.

CASH, T. F.; SMOLAK, L. (ed.). **Body image**: a handbook of science, practice, and prevention. New York: The Guilford Press, 2011.

CHERNIN, K. **The obsession**: reflections on the tyranny of slenderness. New York: Harper & Row, 1981.

COLMAN, A. M. **A dictionary of psychology**. Oxford: Oxford Quick Reference, 2015.

FERNANDEZ, S.; PRITCHARD, M. Relationships between self-esteem, media influence and drive for thinness. **Eating Behaviors**, New York, v. 13, n. 4, p. 321-325, 2012.

GARNER, D. M. *et al.* Cultural expectations of thinness in women. **Psychological Reports**, Louisville, v. 47, n. 2, p. 483-491, 1980.

GARNER, D. M.; OLMSTEAD, M. P.; POLIVY, J. Development and validation of a multidimensional eating disorder inventory for anorexia nervosa and bulimia. **International Journal of Eating Disorders**, [S. l.], v. 2, n. 2, p. 15-34, 1983.

GIRARD, M.; RODGERS, R. F.; CHABROL, H. Prospective predictors of body dissatisfaction, drive for thinness, and muscularity concerns among young women in France: a sociocultural model. **Body Image**, New York, v. 26, p. 103-110, 2018.

GORDON, R. A. **Anorexia and bulimia**: anatomy of a social epidemic. Cambridge: Basil Blackwell, 1990.

GROGAN, S. **Body image**: understanding body dissatisfaction in men, women and children. London: Routledge, 2016.

KAPLAN, J. **Woman's conflict**. New York: Prentice-Hall, 1980.

KELLEY, C. C. G.; NEUFELD, J. M.; MUSHER-EIZENMAN, D. R. Drive for thinness and drive for muscularity: opposite ends of the continuum or separate constructs? **Body Image**, New York, v. 7, n. 1, p. 74-77, 2010.

KRANE, V. *et al*. Living the paradox: female athletes negotiate femininity and muscularity. **Sex Roles**, [S. l.], v. 50, n. 5-6, p. 315-329, 2004.

LEIT, R. A.; GRAY, J. J.; POPE JÚNIOR, H. G. The media's representation of the ideal male body: a cause for muscle dysmorphia? **International Journal of Eating Disorders**, [S. l.], v. 31, n. 3, p. 334-338, 2002.

LEIT, R. A.; POPE JÚNIOR, H. G.; GRAY, J. J. Cultural expectations of muscularity in men: the evolution of playgirl centerfolds. **International Journal of Eating Disorders**, [S. l.], v. 29, n. 1, p. 90-93, 2001.

McCREARY, D. R.; SASSE, D. K. An exploration of the drive for muscularity in adolescent boys and girls. **Journal of American College Health**, Washington, v. 48, n. 6, p. 297-304, 2000.

McCREARY, D. R.; SAUCIER, D. M.; COURTENAY, W. H. The drive for muscularity and masculinity: testing the associations among gender-role traits, behaviors, attitudes, and conflict. **Psychology of Men & Masculinity**, [S. l.], v. 6, n. 2, p. 83-94, 2005.

MISHKIND, M. E. *et al*. The embodiment of masculinity: cultural, psychological, and behavioral dimensions. **American Behavioral Scientist**, Princeton, v. 29, n. 5, p. 545-562, 1986.

MURRAY, S. B. *et al*. The enigma of male eating disorders: a critical review and synthesis. **Clinical Psychology Review**, New York, v. 57, p. 1-11, 2017.

NEVES, C. M. **Escala de preocupações e comportamentos relacionadas ao corpo na infância**: desenvolvimento e avaliação psicométrica. 2017. 319 f. Tese (Doutorado em Psicologia) – Universidade Federal de Juiz de Fora, Juiz de Fora, 2017.

ORBACH, S. **Fat is a feminist issue**. London: Arrow Books, 1988.

POPE JÚNIOR, H. G. *et al.* Muscle dysmorphia: an underrecognized form of body dysmorphic disorder. **Psychosomatics**, Washington, v. 38, n. 6, p. 548-557, 1997.

POPE JÚNIOR, H. G. *et al.* Evolving ideals of male body image as seen through action toys. **International Journal of Eating Disorders**, [S. l.], v. 26, n. 1, p. 65-72, 1999.

RIDGEWAY, R. T.; TYLKA, T. L. College men's perceptions of ideal body composition and shape. **Psychology of Men & Masculinity**, [S. l.], v. 6, n. 3, p. 209-220, 2005.

RODGERS, R. F. *et al.* Development and validation of the female muscularity scale. **Sex Roles**, [S. l.], v. 78, n. 1-2, p. 18-26, jan. 2018.

RUGGIERO, G. M. *et al.* Stress situation reveals an association between perfectionism and drive for thinness. **International Journal of Eating Disorders**, [S. l.], v. 34, n. 2, p. 220-226, 2003.

SILVERSTEIN, B. *et al.* The role of the mass media in promoting a thin standard of bodily attractiveness for women. **Sex Roles**, [S. l.], v. 14, n. 9-10, p. 519-532, 1986.

SMOLAK, L.; MURNEN, S. K. Drive for leanness: assessment and relationship to gender, gender role and objectification. **Body Image**, New York, v. 5, n. 3, p. 251-260, 2008.

SMOLAK, L.; MURNEN, S. K. Gender, self-objectification and pubic hair removal. **Sex Roles**, [S. l.], v. 65, n. 7-8, p. 506-517, 2011.

SLADE, P. D. What is body image? **Behaviour Research and Therapy**, [S. l.], v. 32, n. 5, p. 497-502, 1994.

STRIEGEL-MOORE, R. H. *et al.* Drive for thinness in black and white preadolescent girls. **International Journal of Eating Disorders**, [S. l.], v. 18, n. 1, p. 59-69, 1995.

STRIEGEL-MOORE, R. H.; FRANKO, D. L. Body image issues among girls and women. *In*: CASH, T. F.; PRUZINSKY, T. (ed.). **Body image**: a handbook of theory, research, and clinical practice. London: The Guilford Press, 2002. p. 183-191.

SWAMI, V. Cultural influences on body size ideals: unpacking the impact of westernisation and modernisation. **European Psychologist**, [S. l.], v. 20, n. 1, p. 44-51, 2015.

THOMPSON, J.; CAFRI, G. E. **The muscular ideal**: psychological, social, and medical perspectives. Washington: American Psychological Association, 2007.

THOMPSON, J. K. et al. **Exacting beauty**: theory, assessment and treatment of body image disturbance. Washington: American Psychological Association, 1999.

TIGGEMANN, M.; ZACCARDO, M. "Exercise to be fit, not skinny": the effect of fitspiration imagery on women's body image. **Body Image**, New York, v. 15, p. 61-67, 2015.

TOD, D.; HALL, G.; EDWARDS, C. Gender invariance and correlates of the drive for leanness scale. **Body Image**, New York, v. 9, n. 4, p. 555-558, 2012.

WEBB, J. B. et al. Downward dog becomes fit body, inc.: a content analysis of 40 years of female cover images of Yoga Journal. **Body Image**, New York, v. 22, p. 129-135, 2017.

WIEDERMAN, M. W.; PRYOR, T. L. Body dissatisfaction, bulimia, and depression among women: the mediating role of drive for thinness. **International Journal of Eating Disorders**, [S. l.], v. 27, n. 1, p. 90-95, 2000.

WISEMAN, C. V. et al. Cultural expectations of thinness in women: an update. **International Journal of Eating Disorders**, [S. l.], v. 11, n. 1, p. 85-89, 1992.

CAPÍTULO 3

A CRIANÇA E O SEU CORPO: ATUALIDADES, RELATOS E AVALIAÇÃO DA IMAGEM CORPORAL INFANTIL

Clara Mockdece Neves
Juliana Fernandes Filgueiras Meireles
Fabiane Frota da Rocha Morgado
Maria Elisa Caputo Ferreira

INTRODUÇÃO

A imagem corporal é compreendida como a representação mental do próprio corpo (SCHILDER, 1999). Ela é um construto complexo e multifacetado, subdividido em duas dimensões: perceptiva e atitudinal (CASH; SMOLAK, 2011; FERREIRA; CASTRO; MORGADO, 2014). A primeira define a exatidão no julgamento do tamanho, da forma e do peso corporais (GARDNER; BROWN, 2010). A segunda envolve pensamentos, sentimentos e comportamentos relacionados ao corpo (CASH; SMOLAK, 2011).

A imagem corporal sofre alterações durante toda a vida do ser humano e é ainda durante a infância que crenças relacionadas ao corpo, preocupações com o peso e comportamentos direcionados à melhora da aparência física podem ter início (FORTES et al., 2014; SMOLAK, 2011). Segundo Papalia e Feldman (2013), a infância compreende o período desde o nascimento até o início da puberdade/adolescência. Já a World Health Organization (2005), pelo critério cronológico, define que o fim da infância se dá por volta dos 10 anos. Para a legislação brasileira, é considerado criança o indivíduo dos 0 aos 12 anos de idade incompletos (BRASIL, 1990). Essa fase ainda compreende três estágios: primeira infância (nascimento até os 3 anos); segunda infância (de 3 a 6 anos) e terceira infância (de 6 anos até o início da adolescência) (PAPALIA; FELDMAN, 2013).

A divisão do ciclo de vida em períodos é uma construção social já que o desenvolvimento é contínuo e não há nenhum momento objetivamente definível para caracterizar a transição entre as fases. O desenvolvimento humano ocorre nos domínios físico, cognitivo e psicossocial, que estão inter-relacionados, já que qualquer mudança em um dos domínios afeta inevitavelmente o sistema inteiro (PAPALIA; FELDMAN, 2013).

Durante a infância, no aspecto físico, o crescimento é constante. Há o desenvolvimento das habilidades motoras finas e gerais, aumento da força física e das habilidades atléticas. Quanto ao aspecto cognitivo, vale ressaltar as capacidades de aprender, o uso da linguagem, o pensamento lógico e concreto e o desenvolvimento da memória. O processo de alfabetização, na maioria das vezes, ocorre durante essa etapa da vida.

No enfoque psicossocial formam-se vínculos afetivos com pais e pessoas mais próximas e os amigos assumem importância fundamental. É também durante a infância que o indivíduo se torna capaz de comparar sua identidade real com sua identidade ideal, e julgar sua medida em certos padrões sociais em comparação a outros (PAPALIA; FELDMAN, 2013). Essas mudanças podem se relacionar diretamente com conflitos associados à imagem corporal de crianças.

Este capítulo pretende retomar a literatura especializada sobre a imagem corporal infantil, discutindo a teoria que embasa essa área. Em adição, são relatadas as impressões de crianças sobre sua relação com o próprio corpo. Por fim, as medidas de avaliação que têm sido utilizadas no contexto nacional e internacional são destacadas.

3.1 O QUE A LITERATURA DIZ SOBRE A IMAGEM CORPORAL DE CRIANÇAS?

É notável o aumento dos estudos sobre imagem corporal nos últimos anos, especialmente daqueles concernentes à população de adolescentes e jovens adultos (FERREIRA; CASTRO; MORGADO, 2014). Entretanto, pouca atenção tem sido concedida à infância. Essa fase é considerada de extrema relevância, por se tratar de um período configurado como a base da formação humana e também da imagem corporal (SMOLAK, 2011).

Os estudos demonstram que existem diferenças da imagem corporal entre os sexos no público infantil, assim como na população em geral (FERREIRA; CASTRO; MORGADO, 2014). Garousi (2014) e Jongenelis, Byrne e Pettigrew (2014) identificaram que as meninas se apresentam mais insatisfeitas do que os meninos. Ling *et al.* (2015) apontam que elas desejam uma silhueta mais magra e os meninos um corpo maior. No estudo de

Duchin *et al.* (2014), as meninas escolheram uma silhueta mais magra como a imagem corporal desejada. Garousi (2014) encontrou atitudes lipofóbicas relacionadas significativamente ao Índice de Massa Corporal (IMC) em meninas. Parece que elas têm maior dificuldade em lidar com o julgamento do seu peso e suas dimensões corporais quando comparadas aos meninos.

A insatisfação corporal também foi maior nas crianças com excesso de peso (BRAALT *et al.*, 2015), corroborando a relação amplamente conhecida na literatura entre insatisfação corporal e IMC (CASH; SMOLAK, 2011; FERREIRA; CASTRO; MORGADO, 2014). Crianças australianas obesas estavam mais insatisfeitas quando comparadas às com peso adequado (JONGENELIS; BYRNE; PETTIGREW, 2014). Leite *et al.* (2014) e Wallander *et al.* (2013) confirmam esses achados em crianças brasileiras e americanas, respectivamente. Nesse sentido, o excesso de peso é uma preocupação que aflige também os mais jovens.

O peso corporal foi determinante nos estudos de Maximova *et al.* (2015) e Lizana *et al.* (2015), os quais verificaram que meninos e meninas com excesso de peso e obesidade avaliaram erroneamente o seu tamanho corporal, subestimando-o. Outras pesquisas apontaram que crianças com peso normal tinham dificuldade em perceber seu tamanho real ou, ainda, consideravam-se muito gordas (PEREIRA *et al.*, 2013). Dessa forma, entende-se que, assim como já apontado por Duchin *et al.* (2014), o peso está associado à percepção da imagem corporal em crianças.

Concernente à relação da imagem corporal em diferentes etnias, os achados de Heron *et al.* (2013) e McCabe e Ricciardelli (2005) não apontaram diferenças raciais na insatisfação corporal. Entretanto, Welch *et al.* (2004) evidenciaram que meninas negras eram mais satisfeitas com o seu peso quando comparadas às crianças de etnia branca. Os achados de Xanthopoulos *et al.* (2011) indicaram que crianças asiáticas tiveram os maiores índices de insatisfação corporal do que as caucasianas e as negras. Dessa forma, ainda existem controvérsias sobre essa relação na população infantil. São recomendadas pesquisas a fim de esclarecer a influência dos elementos raciais na imagem corporal de crianças.

A idade foi outro fator que contribuiu para a percepção corporal infantil, como no estudo de Duchin *et al.* (2014), que verificou que a escolha da silhueta foi positivamente associada com a idade das crianças. Chung, Perrin e Skinner (2013) também apontaram que as crianças mais velhas percebiam com mais precisão seu status de peso. Os autores ainda ressaltaram que meninas e meninos de todas as idades que se perceberam com sobrepeso foram mais propensos a se envolver em comportamentos de perda de peso. Assim, na população infantil é indicado levar em consideração a idade quando o foco for a percepção corporal.

Tendo em vista a compreensão da imagem corporal com base no suporte empírico e teórico, Evans *et al.* (2013) testaram um modelo teórico em crianças. A pesquisa foi desenvolvida com 127 meninas com idades entre 7 e 11 anos na Inglaterra. As participantes completaram medidas de internalização do ideal de magreza, insatisfação corporal, dieta, depressão e atitudes alimentares inadequadas. De acordo com os autores, a internalização do ideal de magreza predisse distúrbios alimentares de forma direta e indireta (via insatisfação corporal, restrição dietética e depressão).

As análises dos caminhos mostraram que um modelo sociocultural revisado se encaixava bem com os dados. Esses dados mostram que um quadro sociocultural para a compreensão da alimentação desordenada e insatisfação corporal de adultos é útil, com pequenas modificações, na compreensão do desenvolvimento de atitudes relacionadas em meninas jovens. Dessa forma, a influência midiática foi caracterizada como um forte fator de influência no desenvolvimento de comportamentos deletérios à saúde em meninas (EVANS *et al.*, 2013).

Salientamos que Evans *et al.* (2013) não consideraram as fontes primárias de influência sociocultural na imagem corporal (pais, amigos e mídia). Investigações apresentam indícios de que as premissas da perspectiva sociocultural proposta por Thompson *et al.* (1999) são válidas para crianças. A respeito da existência de um ideal corporal que é transmitido e reforçado pelos fatores de influência sociocultural, os brinquedos infantis são exemplos que reforçam uma beleza irreal desde a mais tenra idade, como a boneca Barbie ou as princesas da Disney no caso das meninas, e o boneco Max Steel ou Super Heróis para os meninos.

Estudo recente realizado por Rice *et al.* (2016) investigou o efeito da exposição à *Barbie* sobre a internalização do ideal de magreza, a autoestima e a insatisfação corporal em meninas australianas de 5 a 8 anos. Os resultados indicaram que o grupo de meninas expostas à boneca Barbie, independentemente do formato, apresentaram mais alta internalização do ideal de magreza do que o grupo controle (exposição a brinquedos não humanos). Entretanto não foram encontradas diferenças significativas para a insatisfação corporal (por meio de escala de silhueta) e para a autoestima.

Isso sugere que a interação com a Barbie pode incentivar as meninas no início da escola primária a adotarem uma preferência por um corpo magro, mas sem efeito imediato na imagem corporal. Os autores advertem que o impacto em longo prazo da exposição da Barbie na imagem corporal permanece desconhecido (RICE *et al.*, 2016).

Figura 1 – Boneca Barbie dos anos de 1959 e 2019

Fonte: Google imagens. Acesso em: 1 dez. 2022

Com relação aos brinquedos voltados ao público infantil masculino, Baghurst *et al.* (2006) analisaram a evolução do formato corporal de cinco bonecos de ação (Batman, Super Homem, G. I. Joe, Hulk e Homem Aranha), ao longo de 25 anos. Para serem selecionados, os bonecos deveriam: ser de plástico, articulado, capaz de ficar em pé por conta própria; projetado especificamente para os meninos; estar no mercado há no mínimo 25 anos, permanecendo em produção durante todo esse período; ter a forma de um corpo humano.

As circunferências de pescoço, peito, braço, antebraço, cintura, coxa e panturrilha dos bonecos foram medidas e comparadas entre o brinquedo atual e o original. Com exceção da cintura, determinou-se que todas as partes do corpo dos bonecos atuais foram significativamente maiores quando comparadas àquelas de suas contrapartes originais. Os resultados desse estudo indicam que os bonecos que representam personagens de ação tornaram-se mais musculosos nos últimos 25 anos. Além disso, os autores alertam que o aumento das dimensões dos bonecos pode contribuir para o desenvolvimento de uma idealização do tipo corporal concentrado em um físico magro e muscular, influenciando particularmente os meninos na mais tenra idade (BAGHURST *et al.*, 2006).

Figura 2 – Boneco Super Homem dos anos de 1930 e 2019

Fonte: Google imagens. Acesso em: 1 dez. 2022

A influência dos pais sobre a imagem corporal de crianças já foi avaliada em algumas investigações (DAMIANO *et al.*, 2015; DUCHIN *et al.*, 2014; DUCHIN *et al.*, 2015; MICHAEL *et al.*, 2014; SWAMINATHAN *et al.*, 2013). Estudos apontaram que a insatisfação corporal materna foi positivamente relacionada ao ganho no IMC das crianças (DUCHIN *et al.*, 2014; DUCHIN *et al.*, 2015). Damiano *et al.* (2015) mostraram que as atitudes com relação ao tamanho corporal dos meninos estavam associadas à imagem corporal paterna, enquanto nas meninas, o desejo de figuras mais magras esteve relacionado a uma restrição alimentar materna.

Nesse sentido, Michael *et al.* (2014) concluíram que a alimentação da mãe e do pai se associaram, respectivamente, à autoestima corporal para meninas e meninos. Destaca-se, ainda, a pesquisa de Swaminathan *et al.* (2013) na qual as crianças que foram percebidas por seus pais como acima do peso ou obesas foram altamente propensas a tentar perder peso.

É possível que os pais tenham particular importância na imagem corporal de seus filhos e, por isso, devem ser levados em consideração em pesquisas com crianças, mesmo que essa influência não seja percebida por elas.

Os amigos também possuem lugar de destaque no modelo de influência sociocultural (THOMPSON et al., 1999). Alguns estudos relacionaram a insatisfação corporal das crianças com a influência dos pares (HARRISON; ROWLINSON; HILL, 2016; MICHAEL et al., 2014; TATANGELO; RICCIARDELLI, 2013). Para Michael et al. (2014), tanto para meninos quanto para meninas, ficar junto a colegas e o medo de uma avaliação negativa pelos pares estiveram relacionados diretamente à autoestima corporal. Corroborando essa ideia, Harrison, Rowlinson e Hill (2016) mostraram que as crianças tendem a preferir as crianças magras nas escolhas de amizade e demonstraram claros sinais de rejeição às gordas. De acordo com Tatangelo e Ricciardelli (2013), os amigos ajudaram as crianças a reforçar e a criticar as mensagens da mídia. Dessa forma, é possível inferir que os amigos são fundamentais no desenvolvimento da imagem corporal das crianças.

Apoiando a importância da mídia, Tatangelo e Ricciardelli (2013) mostraram que, enquanto os meninos admiravam o corpo de esportistas do sexo masculino, as atrizes e cantoras famosas eram consideradas como ideal de corpo para as meninas. Em adição, Daniels, Layh e Porzelius (2016) investigaram diferenças no conteúdo das revistas voltadas para o público de crianças pré-adolescentes *versus* adolescentes. Os resultados indicam que as revistas para adolescentes continuam mais conteúdo de aparência do que aquelas para crianças pré-adolescentes, as quais não deixaram de apresentar esse conteúdo. Notícias focadas na aparência estiveram presentes em mais da metade dos conteúdos das revistas para adolescentes e as propagandas com essa finalidade somavam quase três/quartos do total. Esses padrões sugerem que os leitores jovens de revistas estão expostos a um alto volume de conteúdo voltado para o corpo ideal (DANIELS *et al.*, 2016). Nesse contexto, os pais e os educadores deveriam revisar cuidadosamente essas revistas para determinar a que tipo de conteúdo permitirão que as crianças e adolescentes tenham acesso.

Também foram identificados na literatura alguns estudos que avaliaram, longitudinalmente, os efeitos de programas de intervenção para promover a imagem corporal positiva em crianças (BIRD *et al.*, 2013; FAIRWEATHER-SCHMIDT; WADE, 2015; ROSS *et al.*, 2013). Entre os resultados estão: a melhora na satisfação corporal (BIRD *et al.*, 2013), a diminuição das comparações corporais e melhora da autoestima (ROSS *et al.*, 2013) e a redução da internalização dos ideais de aparência culturalmente determinados (BIRD *et al.*, 2013; ROSS *et al.*, 2013). Fairweather-Schmidt e Wade (2015) também apontaram a diminuição na preocupação com o peso e forma corporal como resultado positivo de um programa de intervenção.

Diante do exposto, entende-se que pesquisas têm sido feitas para avaliação da imagem corporal de crianças, principalmente no que se refere à dimensão perceptiva e dimensão atitudinal, com foco na insatisfação corporal. As pesquisas reforçam os pressupostos teóricos de que a perspectiva sociocultural da imagem corporal é coerente para crianças. Visando contribuir para o entendimento holístico do assunto, teoria e prática devem caminhar simultaneamente conectadas.

3.2 O QUE AS CRIANÇAS TÊM A DIZER SOBRE SEU CORPO?

A criança elabora mecanismos internos para formação de referências do próprio corpo desde a tenra idade, tornando-se uma fase da vida relevante para estudiosos. Nesse sentido, foi desenvolvida uma investigação qualitativa descritiva em quatro grupos focais, que objetivou investigar atitudes relacionadas à imagem corporal sob o ponto de vista de crianças.

Participaram do estudo 10 meninas e nove meninos, de 6 a 11 anos de idade. Por meio de um roteiro semiestruturado, a discussão buscou verificar em profundidade o entendimento das crianças sobre aspectos da sua imagem corporal. A partir dos resultados, verificou-se que as crianças atribuíram importância às preocupações com aspectos gerais e específicos do corpo e aos comportamentos relacionados ao corpo. Esses resultados serão apresentados de forma resumida neste capítulo. Salientamos que informações mais detalhadas podem ser encontradas em Neves *et al.* (2018) e Neves (2017).

As crianças apresentaram uma tendência a relatar preocupações com aspectos específicos do corpo, separadamente. Uma das partes corporais de maior destaque foram os cabelos. Em estudo qualitativo com grupos focais, Tatangelo e Ricciardelli (2013) apontaram que as meninas de 8 a 10 anos frequentemente se engajaram em conversas sobre a aparência e um dos focos dessas conversas era o cabelo. Os cabelos foram apontados: na descrição da própria aparência; entre as partes do corpo que as crianças mais gostam e também as que menos gostam; na descrição de como deve ser uma menina bonita (nos grupos masculinos); e até nas comparações da aparência com os demais participantes dos grupos. As falas a seguir são alguns exemplos dessas alusões: *"Ah! Eu amo o meu cabelo também. Mas eu queria um cabelo cacheado. Assim, se ele tivesse um cacheado pelo menos eu iria ficar feliz"* (menina, 10 anos); *"A minha sobrinha é uma menina bonita. O cabelo dela é bonito demais. Ela tem um cabelo mais liso e bem longo mesmo"* (menina, 10 anos).

Outro aspecto enfatizado foi a aparência do rosto. Schilder (1999) já apontava a importância especial que o rosto tem para a imagem corporal como um todo. Isso porque, segundo o autor, "é a parte mais expressiva do corpo e aquela que pode ser vista por todos" (SCHILDER, 1999, p. 264). As falas seguintes representam o quanto as crianças consideram marcantes os traços do rosto: *"Porque o rosto é importante"* (menina, 8 anos); *"Eu acho bonita uma pessoa com os traços do rosto bonito. Os traços do rosto são importantes"* (menino, 10 anos).

As crianças também apresentaram preocupações com diversas características faciais: olhos, nariz, boca, dentes, bochecha e orelhas. Os relatos exemplificam essas questões: *"Olho azul é bonito"* (menina, 9 anos); *"Tem um na minha sala que tem olho verde"* (menina, 9 anos); *"Vamos supor, não querendo ofender as pessoas, mas assim... As pessoas que tem o nariz muito grande, a boca muito grande... Aí não fica bom"* (menino, 10 anos); *"Eu acho que eu tenho muita bochecha"* (menino, 6 anos). De acordo com Murnen (2011), o ideal de beleza, especialmente feminino, inclui olhos claros, cílios alongados, lábios carnudos e nariz fino.

A cor da pele também foi um atributo corporal bastante destacado pelas crianças, principalmente durante a descrição de sua própria aparência; sobretudo as negras descreveram seu tom de pele como sendo "moreno", "preto" ou "café com leite".

Máximo *et al.* (2012) identificaram que crianças de 9 a 12 anos apresentaram uma tendência ao branqueamento na autocategorização racial. De acordo com os autores, existe uma atribuição de características socialmente favoráveis às figuras brancas, e de características desfavoráveis socialmente ligadas às figuras morenas e negras. As falas a seguir exemplificam a autodescrição das crianças com relação a essa característica: *"Eu sou morena"* (menina, 10 anos); *"Eu tenho os olhos pretos. Eu sou preto. Meu cabelo é preto. Minha perna é preta. Meu nariz é preto. Minha boca é preta. Eu sou preto"* (menino, oito anos); *"A minha cor é café com leite. Eu tenho olho preto. Cabelo castanho. Meu cabelo tem parte que é branca. Mas o resto é preto. As pernas é café com leite escuro. As costas está queimado"* [sic] (menino, 6 anos).

Nos grupos focais femininos houve relatos de preocupação com o peso corporal e com o tamanho da barriga e cintura. De forma semelhante, no estudo de Tatangelo e Ricciardelli (2013) com grupos focais, a maioria das meninas discutiu a importância da magreza. Elas ainda identificaram que *"ter barriga grande"* ou *"pancinha"* seria um atributo corporal negativo. Expressões como *"cintura boa"* e *"barriga de tanquinho"* também surgiram em seus depoimentos como características positivas: *"Eu gosto de ver se minha cintura está boa"* (menina, 10 anos); *"Eu gosto de ter barriga de tanquinho"* (menina, 9 anos). Além disso, seios e nádegas volumosos foram apontados pelas meninas durante a descrição de um corpo bonito. Em sua linguagem, elas denominaram essas partes corporais como *"peitão"* e *"bundão"*: *"Eu gosto da Anitta. Ela tem um peitão e um bundão"* (menina, 9 anos); *"Eu queria ser a minha irmã. Ela tem um peitão que nem essa menina aí que elas estão falando. E uma bundona também, tia"* (menina, 9 anos).

Entre os meninos, *"peito bombadão"*, *"peito bombadasso"* e *"barriga de tanquinho"* foram características consideradas positivas na aparência corporal masculina. Os meninos ainda associaram esses aspectos como valorizados pelo sexo oposto. Os relatos a seguir exemplificam essa questão: *"As mulheres gostam de homem forte. Com peito bombadão"* (menino, 8 anos); *"Peito bombadasso é bonito"* (menino, 8 anos); *"Eu gosto de ter barriga de tanquinho"* (menino, 8 anos).

De acordo com Murnen (2011), o corpo ideal para mulheres, preconizado nas sociedades ocidentais, é fortemente associado à magreza e, mais especificamente, à aspectos que reforçam um corpo sexy. Os seios grandes, o quadril largo e a cintura fina estão entre essas características (MURNEN, 2011). Já entre os meninos, o corpo ideal enfatiza a muscularidade, estruturado por ombros largos afilando a uma cintura fina ("forma de V"), músculos abdominais bem definidos (*"six pack abs"* ou "barriga de tanquinho") (MURNEN, 2011). E a musculatura peitoral bem definida reforça esse padrão corporal.

A magreza foi apontada como um fator positivo, especialmente para o sexo feminino. Já entre os meninos, alguns deles relataram medo de serem demasiadamente magros. Sendo assim, enquanto as meninas valorizaram esse padrão corporal, os meninos demonstraram uma tendência ao equilíbrio, ou seja, não tinham vontade se ser muito magros, só um pouco. *"Eu fico puxando a barriga para dentro. Eu gosto de parecer magrinha..."* (menina, 9 anos); *"A minha sobrinha é uma menina bonita. O corpo dela é bonito. Ela é magra. Acho que só"* (menina, 10 anos); *"Meu primo me chama de magrelo e eu falo assim: 'Você também é'. Eu não gosto de ser magrelo"* (menino, 7 anos). Tendo isso em vista, é possível que os meninos e as meninas tenham exaltado essas características corporais devido ao desejo de alcançarem esse corpo propagado como ideal, difundido socialmente.

Os membros inferiores também foram citados pelas crianças, entretanto, com menor destaque. As pernas, os joelhos e pés surgiram em alguns grupos focais ligados às partes do corpo que as crianças mais gostam e menos gostam e também entre as coisas que elas gostariam de alterar em seu corpo. Destacamos que as falas não se referiam a características estéticas dessas partes corporais, mas à funcionalidade delas: *"Eu gosto da minha perna porque com a perna dá para fazer muitas coisas. Dá pra ficar em diferentes posições"* (menino, 10 anos); *"Eu queria que os meus dois joelhos fossem mais resistentes porque eu sempre caio de joelho e machuca"* (menino, 10 anos); *"Eu queria mudar meu pé. Eu queria que meu pé fosse pequeno"* (menina, 9 anos).

As crianças também demonstraram estar atentas ao aspecto corporal no geral. Algumas delas relataram estar satisfeitas e gostar de seus corpos, enquanto outras tiveram opiniões divergentes: *"Eu não gosto de ser assim não"* (menino, 7 anos); *"Não tem nada que eu queria fazer que eu precise mudar o meu corpo. Eu gosto do meu corpo"* (menino, 10 anos). Essa incongruência também foi observada em diferentes estudos na literatura da área. Ao perguntar diretamente para crianças a respeito de sua satisfação com o próprio corpo, Patalay, Sharpe e Wolpert (2015) encontraram baixa frequência de imagem corporal negativa em meninas e meninos. Por outro lado, nos estudos de Leite *et al.* (2014) e Ling *et al.* (2015), a maioria das crianças avaliadas estava insatisfeita com algum aspecto da sua aparência.

A muscularidade era um aspecto que chamava a atenção das crianças, especialmente entre os meninos, sendo ressaltada como um fator positivo entre eles e, também, entre algo valorizado pelo sexo oposto. As falas dos meninos ilustram a ideia da muscularidade como um fator positivo da aparência corporal: *"Eu acho, com certeza, que é legal ser assim [musculoso]. Para poder ficar se exibindo. Se eu fosse fortão assim, eu ia com certeza. Eu acho que é legal ser assim"* (menino, 10 anos); *"Ser forte é bom"* (menino, seis anos).

Estudo realizado por Skelton *et al.* (2012) corrobora essa ideia já que, para os meninos de 8 a 12 anos, a saúde parecia estar ligada a noções pouco realistas sobre muscularidade. Dessa forma, ser musculoso foi considerado como sinônimo de ser saudável. Para os autores, essa compreensão limitada e superficial da saúde aponta a necessidade de maior educação e medidas de informação e esclarecimento para essa faixa etária.

Além disso, a ideia de que a gordura é um aspecto negativo foi reforçada pelas crianças, estando atrelada à ideia de capacidade inferior: *"Eu não gosto de ser gordo não"* (menino, 8 anos); *"É, porque a pança fica pesada e você corre menos"* (menino, 6 anos); *"Gordo não corre muito. Eu gosto de ser pequeno porque eu corro muito"* (menino, 6 anos); *"Eu não gosto de pessoa gorda"* (menino, oito anos); *"Tia, pessoa gorda não tem nada a ver"* (menino, 7 anos); *"Porque é esquisito. É muito gordo"* (menino, 8 anos).

De forma semelhante, Garousi (2014) já havia identificado atitudes lipofóbicas relacionadas significativamente ao elevado IMC em meninas. Martin (2015) apontou que crianças de 5 e de 10 anos apresentaram, de forma consistente e enfática, opiniões negativas acerca de ser gordo. Crianças de 5 anos relataram que "ser gordo é o mesmo que ser feio" e aquelas de 10 anos consideraram como uma desvantagem a menor capacidade das crianças obesas de jogarem com os demais (MARTIN, 2015).

A estatura também chamava a atenção das crianças. Ao serem perguntadas sobre o desejo de mudar alguma coisa em seus corpos, elas relataram vontade de serem *"mais altas"* ou *"maiores"* ou, ainda, *"grandes"*. De forma semelhante, *"ser mais alto"* foi apontado como uma vantagem entre as crianças de 5 anos no estudo de Martin (2015). As falas a seguir exemplificam essa questão: *"Eu mudaria. Eu queria ser grande. Grande, bem grande mesmo. Porque pequena eu não alcanço nada"* (menina, 10 anos); *"Eu queria mudar a minha altura"* (menina, 9 anos).

O conceito de imagem corporal também envolve comportamentos relacionados ao corpo. Entre eles destacam-se: evitação da exposição corporal, a checagem corporal, a comparação do corpo com o de outros indivíduos, a prática de exercícios com o intuito de modificar o corpo (emagrecer ou ganhar músculos), a adoção de alterações na alimentação com a mesma finalidade (CASH; SMOLAK, 2011; FERREIRA; CASTRO; MORGADO, 2014).

Constatou-se que a checagem corporal é um recurso frequentemente utilizado pelas crianças. Esse comportamento inclui ações constantes de autoavaliação do corpo, tais como: verificação periódica do peso corporal, exame do tamanho e da forma corporal (em espelhos ou outras superfícies reflexivas); toque do corpo em busca de gordura corporal "indesejável"; entre outros (MOUNTFORD; HAASE; WALLER, 2006; SHAFRAN et al., 2004). É interessante apontar que tanto meninos quanto meninas disseram controlar o peso corporal: *"Eu me peso uma vez por dia. Eu gosto de me pesar"* (menino, 7 anos); *"Eu gosto de me pesar para ver se eu estou gordo ou estou magro"* (menino, 8 anos); *"Eu gosto de ver quanto que eu estou pesando, para ver se eu engordei um pouquinho, se minha cintura está boa"* (menina, 10 anos). O uso do espelho como estratégia de checagem corporal também foi relatado: *"Todo dia que eu olho no espelho, eu estou igualzinha um bambu"* (menina, 10 anos).

Somado a isso, o uso de determinadas vestimentas foi destaque nas falas das crianças. Jellinek, Myers e Keller (2016) buscaram determinar o efeito das roupas de bonecas (roupa de banho ou social) e do tipo de corpo (magro ou com sobrepeso) sobre a insatisfação corporal de meninas de 6 a 8 anos. Além disso, o uso de roupas também esteve associado à imitação de celebridades, não só em meninas, como também em meninos: *"É só se maquiar e pronto. Colocar uma roupa bonita e pronto"* (menina, 7 anos); *"A Anitta. Eu acho ela bonita [sic]. As roupas dela são bonitas"* (menina, 9 anos); *"Eu tirei foto de estilo playboy, tipo o Mc Guimé. Foto de playboy com tênis bonito. Jaqueta preta. Cordão grandão. E um boné"* (menino, 8 anos); *"Eu gosto de ser metido. Eu gosto de escolher a roupa que vou sair"* (menino, 8 anos).

A ação de comparar a forma e a aparência física ou partes específicas do corpo com outras crianças também foi verificada nas falas tanto das meninas quanto dos meninos. Festinger (1954) já havia apontado que existe, no organismo humano, um impulso para avaliar suas opiniões e suas habilidades. Nesse sentido, as falas das crianças confirmam que esse impulso está presente mesmo em indivíduos da mais tenra idade: *"Tem que comparar. Tem que olhar para o colega para ver se o colega é igual"* (menino, 6 anos); *"Quando alguém está olhando com olhar reparador. Ela está com uma amiga e ela fica olhando para a gente"* (menina, 10 anos).

A prática de exercícios físicos para modificação corporal foi mais um comportamento relatado pelas crianças. Tanto meninos quanto meninas disseram que atividades físicas podem ser utilizadas para melhorar a aparência corporal. As falas a seguir demonstram essa questão: *"Se o mais gordinho quisesse ficar mais magro, era só ele exercitar mais. Não ficar mais parado... Pra ficar mais bonito tem que se exercitar"* (menino, 10 anos); *"Fazer exercício para ficar com corpo bonito"* (menino 10 anos); *"Fazer exercício é muito legal. Deixa o corpo bonito"* (menina 9 anos).

Skelton *et al.* (2012) apontaram que a percepção de meninos de oito a 12 anos sobre saúde baseia-se na aparência muscular e na frequência de exercício. Já na investigação de Tatangelo e Ricciardelli (2013), o termo *fit* foi frequentemente adotado por meninas e meninos para descrever um corpo ideal, atrelado à prática de exercícios físicos e a características físicas desejáveis pelas crianças.

A alimentação foi percebida pelas crianças como uma forma de contribuição para se alcançar o corpo ideal. As práticas de restrição alimentar foram reconhecidas como ferramentas úteis para emagrecer: *"Eu não gosto muito de comer porque eu me acho gorda"* (menina, 8 anos); *"Eu acho que eu sou magrinho. Às vezes, eu acho que eu sou um pouco gordinho. Eu gosto de comer as coisas. Se quiser ficar gordo é só comer [risos]"* (menino, 10 anos).

Nessa perspectiva, os hábitos alimentares dos pais podem influenciar as crianças (DAMIANO *et al.*, 2015; MICHAEL *et al.*, 2014; SWAMINATHAN *et al.*, 2013). De acordo com Goodell *et al.* (2017), o papel que os pais desempenham no desenvolvimento de hábitos alimentares em crianças em idade pré-escolar é fundamental, pois eles são os "guardiões de alimentos". Como exemplo ressaltamos: *"A minha mãe é muito magrinha. Na verdade, ela come muito pouco"* (menina, 6 anos).

De acordo com o apresentado anteriormente, crianças de 6 a 11 anos já podem internalizar padrões de beleza considerados ideais, impactando negativamente na sua imagem corporal. Logo, esse público deve estar sob foco de atenção e intervenção, quando necessário, em diferentes áreas da saúde e também no ambiente escolar. Em adição, sugerimos que essas questões sejam abordadas por estudos futuros que avaliem a imagem corporal de crianças por meio de instrumentos adequados.

3.3 COMO AVALIAR A IMAGEM CORPORAL DE CRIANÇAS?

A avaliação da imagem corporal em crianças é importante, pois, em termos da saúde geral, caso preocupações com o peso e forma corporal apresentem-se nos indivíduos mais jovens, é possível o comprometimento psicológico ao longo das demais etapas da vida (CHOI; KIM, 2014; NEVES *et al.*, 2017; PAPALIA; FELDMAN, 2013). Papalia e Feldman (2013) ainda complementam que, se não revertida, a insatisfação corporal pode progredir para transtornos alimentares na adolescência.

Entretanto, de acordo com Breakwell *et al.* (2010), as crianças constituem um grupo particularmente difícil de ser avaliado por diversas questões, entre elas: a dificuldade de concentração, o vocabulário reduzido, que pode comprometer o entendimento de determinadas questões, e tendência a responder o que elas pensam que o entrevistador quer ouvir. Dessa forma, é necessário levar em consideração as peculiaridades do público infantil na avaliação da sua imagem corporal.

Em revisão de literatura, Neves *et al.* (2017) analisaram a produção científica publicada entre 2013 e 2016 referente à avaliação da imagem corporal em crianças. Foi verificado que as escalas de silhuetas tiveram maior evidência, estando presentes em estudos nacionais e internacionais. As escalas Collins Body Figure Rating Scale e as Silhuetas de Stunkard mereceram destaque como as mais adotadas nas pesquisas internacionais.

No Brasil, Kakeshita *et al.* (2009) desenvolveram a Escala de Silhuetas para Crianças Brasileiras para avaliar a insatisfação com a imagem corporal de crianças de 7 a 12 anos. Ela é composta por 11 figuras, confeccionadas em cartões individuais com representação da figura humana para meninos e outras 11 figuras para meninas, que variam em IMC do menor para o maior. Apresentada a escala para as crianças, devem ser realizadas duas perguntas: "Qual figura representa o seu corpo atual?" e "Qual figura representa o corpo que você gostaria de ter?". Quanto maior a discrepância entre a silhueta real e a ideal, maior o nível de insatisfação, sendo que valores positivos indicam o desejo de diminuir a silhueta corporal, enquanto valores negativos, aumentá-la.

Figura 3 – Escala de Silhuetas para Crianças Brasileiras

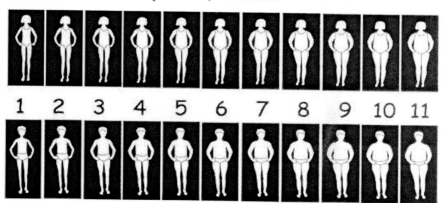

Fonte: Kakeshita *et al.* (2009)

    Apesar de ser o tipo de ferramenta mais utilizada entre os estudos com crianças, não existe um consenso entre os autores sobre qual dimensão da imagem corporal as escalas de silhuetas são capazes de avaliar. Por um lado, alguns autores apontam a avaliação da insatisfação corporal (dimensão atitudinal) como alvo das escalas de silhuetas (GAROUSI, 2014; LEITE *et al.*, 2014). Esse tipo de instrumento permite ao indivíduo escolher apenas uma silhueta, de maneira que o classifica como satisfeito apenas se ele identificar a mesma figura como ideal e real, podendo superestimar os resultados (GARDNER; BROWN, 2010). Por outro lado, outros autores relataram a avaliação da acurácia (dimensão perceptiva) corporal das crianças por meio das silhuetas. Costa *et al.* (2015) e Ling *et al.* (2015) encontraram prevalência de inacurácia elevada em crianças brasileiras e chinesas, respectivamente.

    Destacamos a importância da acurácia na estimativa do tamanho corporal nessa faixa etária, pois pode ser o primeiro passo para a adoção de comportamentos mais saudáveis de vida (COSTA *et al.*, 2015). O método de avaliação utilizado pode influenciar na prevalência de insatisfação corporal, por isso os resultados devem ser analisados com cautela.

    A imagem corporal de crianças também foi acessada por métodos qualitativos. Martin (2015) avaliou o entendimento de crianças com relação a sua forma corporal por intermédio de desenhos e comentários a respeito do corpo. O autor identificou que meninas e meninos obesos de 5 anos de idade parecem não ter conhecimento de qualquer diferença na forma do corpo. Essa situação muda no grupo de crianças de 10 anos, no qual o excesso de peso é estigmatizado negativamente. Nesse estudo, é apontado que crianças obesas desenvolvem estratégias de enfrentamento para lidar com as desvantagens físicas, insultos e exclusão por seus pares (MARTIN, 2015).

A entrevista e o grupo focal também foram estratégias adotadas por alguns pesquisadores (REULBACH et al., 2013; TATANGELO; RICCIARDELLI, 2013). Para Tatangelo e Ricciardelli (2013), os grupos focais enfatizaram ainda mais como os pares reforçaram as mensagens dos meios de comunicação, mas também ajudaram as crianças a criticá-las. Reulbach et al. (2013) constataram que a imagem corporal tinha uma associação mais forte com a perpetuação do bullying do que a classificação objetiva do peso derivado do IMC.

As perguntas diretas sobre a satisfação com o corpo também foram utilizadas por alguns estudos. Patalay, Sharpe e Wolpert (2015) encontraram baixa frequência de imagem corporal negativa em meninas e meninos ao perguntar diretamente para as crianças a respeito de sua satisfação com o próprio corpo. Também por meio desse método, Chung, Perrin e Skinner (2013) apontaram que as crianças mais velhas percebiam com mais precisão o status do peso.

Os autores ainda ressaltaram que meninas e meninos de todas as idades que se perceberam com sobrepeso foram mais propensos a se envolver em comportamentos de perda de peso. Nesse sentido, 47% das crianças estudadas por Leite et al. (2014) relataram que estavam tentando emagrecer e 32,9% disseram fazer dietas. Tendo isso em vista, parece que o excesso de peso é uma preocupação que aflige também os mais jovens.

Neves et al. (2017) verificaram que outras ferramentas muito utilizadas para a avaliação da imagem corporal em crianças foram os questionários. No contexto brasileiro, três questionários estão disponíveis para a avaliação da imagem corporal em crianças: o Eating Behaviours and Body Image Test (EBBIT), o Sociocultural Attitudes Towards Appearance Questionnaire-4 Revised (SATAQ-4R) e a Escala de Preocupações e Comportamentos na Infância (EPCCI).

O EBBIT foi adaptado por Galindo e Carvalho (2007) para meninas brasileiras de 9 a 12 anos. Esse instrumento é composto por 42 itens divididos em dois fatores: fator 1 – insatisfação com a imagem corporal e restrição alimentar; e fator 2 – comer em excesso. Apesar de apresentar afirmativas extensas e resposta em escala Likert igual àquela utilizada para adultos, o EBBIT é útil para uma avaliação precoce, rastreando atitudes indicadoras de possíveis distúrbios no comportamento alimentar.

O SATAQ-4R passou pela adaptação transcultural e pelo teste das qualidades psicométricas para crianças brasileiras (NEVES *et al.*, submetido). Os autores verificaram a necessidade de simplificar e tornar as respostas do questionário mais lúdicas tendo em vista as especificidades do público infantil. Além disso, também foi considerada pertinente a análise independente entre os sexos, resultando em duas versões: SATAQ-4R-Female e SATAQ-4R-Male. Assim, o SATAQ-4R para crianças brasileiras é uma medida válida e confiável para avaliar a internalização dos padrões sociais de beleza (internalização do ideal de magreza/baixo percentual de gordura, da muscularidade e da aparência ideal) e a influência de pressões socioculturais (família, amigos, outras pessoas significantes e mídia) de meninas e meninos.

A EPCCI foi desenvolvida por Neves (2017), com versões distintas para meninos e meninas. A versão feminina da escala (EPCCI-F) é composta por 17 itens divididos em cinco fatores: 1) "Áreas corporais do rosto"; 2) "Áreas corporais relacionadas à atratividade"; 3) "Áreas corporais relacionadas à magreza/excesso de peso"; 4) "Preocupação com a magreza"; e 5) "Comportamento/desejo direcionado à muscularidade". Já a versão masculina final (EPCCI-M) engloba 13 itens e dois fatores: 1) "Preocupações com aspectos específicos do corpo"; e 2) "Preocupações e comportamentos relacionados ao corpo".

Considerando as especificidades do público infantil, a autora propôs uma escala do tipo Likert lúdica de três pontos. De acordo com a autora, essa estratégia reduz possíveis dúvidas e confusões por parte das crianças ao interpretar e responder ao item, além de ser um fator atrativo para elas.

Quadro 1 – Opções de resposta da EPCCI

☺ = Gosto; 😐 = Gosto mais ou menos; ☹ = Não gosto

👎 = Não; ✋ = Às vezes; 👍 = Sim

Fonte: Neves (2017)

Neves (2017) descreve detalhadamente o processo metodológico de construção e validação das escalas. É possível verificar o rigor metodológico ao que a EPCCI-F e EPCCI-M foram submetidas, seguindo as recomendações de Pasquali (2010) e DeVellis (2012). A validade de construto foi verificada utilizando Análise Fatorial Exploratória e Análise Fatorial Confirmatória. A validade convergente indicou que quanto maiores as pontuações obtidas na EPCCI-F e EPPCI-M, maiores também o IMC, a preocupação corporal e a internalização dos ideais corporais, e menor a satisfação corporal.

A validade discriminante demonstrou a capacidade de a escala distinguir grupos por estado nutricional, tipo de escola e situação econômica. Ademais, três classificações foram definidas para cada uma das escalas tendo em vista o escore dos participantes: baixa, moderada e elevada preocupação corporal. Assim, Neves (2017) aponta que a EPCCI está disponível para ser utilizada nos contextos científico e clínico.

Por fim, destacamos que a qualidade da pesquisa está intimamente relacionada à escolha de métodos e ferramentas adequadas (CASH, 2011). Smolak (2011) complementa que são raras as ferramentas de medidas que tiveram suas características psicométricas claramente demonstradas para crianças. Nesse sentido, novas iniciativas para ampliar as possibilidades de avaliação nesse público são incentivadas.

CONSIDERAÇÕES FINAIS

Este capítulo apresentou a literatura científica relacionada a aspectos da imagem corporal de crianças, o ponto de vista do público infantil sobre o corpo e os métodos de avaliação que têm sido empregados com amostras nessa faixa etária. A partir da literatura especializada na área, pesquisas têm focado na mensuração das dimensões perceptiva e atitudinal da imagem corporal, especialmente a insatisfação corporal. As pesquisas reforçam os pressupostos teóricos de que a perspectiva sociocultural da imagem corporal é coerente para crianças.

Tendo em vista os relatos das crianças, verificamos uma preocupação com o corpo em aspectos gerais e específicos e a presença de comportamentos relacionados com a imagem corporal na mais tenra idade. Quanto à avaliação nesse público, diferentes estratégias têm sido adotadas, incluindo métodos qualitativos, escalas de silhuetas e questionários. Destacamos que a validação e/ou criação de instrumentos quantitativos ainda está em expansão. Nesse sentido, são poucos os instrumentos disponíveis que levam em consideração as peculiaridades desse grupo.

Existe a necessidade de que profissionais que lidam diretamente com o púbico infantil tenham entendimento mais profundo e consistente sobre a imagem corporal em crianças. Sugerimos estudos futuros que tenham como objetivo propor intervenções efetivas para a promoção da imagem corporal positiva em crianças. Além disso, investigações longitudinais com grande número de crianças são incentivadas. Vale ressaltar que estudos que avaliem a imagem corporal no público infantil são considerados centrais para viabilizar benefícios para a saúde mental dos indivíduos ao longo de todo o desenvolvimento humano.

REFERÊNCIAS

BAGHURST, T. *et al.* Change in sociocultural ideal male physique: an examination of past and present action figures. **Body Image**, New York, v. 3, n. 1, p. 87-91, 2006.

BIRD, E. L. *et al.* Happy being me in the UK: a controlled evaluation of a school--based body image intervention with pre-adolescent children. **Body Image**, New York, v. 10, p. 326-334, 2013.

BRASIL. Ministério da Justiça. **Estatuto da Criança e do Adolescente**. Brasília, DF, 1990.

BRAULT, M. C. *et al.* Heterogeneity of sex-stratified BMI trajectories in children from 8 to 14 years old. **Physiology & Behavior**, New York, v. 142, n. 1, p. 111-120, 2015.

BREAKWELL, G. M. *et al.* **Métodos de pesquisa em psicologia**. 3. ed. Porto Alegre: Artmed, 2010.

CASH, T. F. Crucial considerations in the assessment of body image. *In*: CASH, T. F.; SMOLAK, L. (ed.). **Body image**: a handbook of science, practice, and prevention. 2. ed. New York, NY: The Guilford Press, 2011. p. 129-137.

CASH, T. F.; SMOLAK, L. **Body image**: a handbook of science, practice, and prevention. 2. ed. New York, NY: The Guilford Press, 2011.

CHOI, J. H.; KIM, K. E. The relationship between self-esteem, body image and eating attitudes of children accessing community child centers. **International Journal of Bio-Science and Bio- Technology**, [S. l.], v. 6, n. 4, p. 211-222, 2014.

CHUNG, A. E.; PERRIN, E. M.; SKINNER, A. C. Accuracy of child and adolescent weight perceptions and their relationships to dieting and exercise behaviors: NHANES. **Academic Pediatrics**, New York, v. 13, n. 4, p. 371-378, 2013.

COSTA, L. C. et al. Association between inaccurate estimation of body size and obesity in schoolchildren. **Trends in Psychiatry and Psychotherapy**, Porto Alegre, v. 37, n. 4, p. 220-226, 2015.

DAMIANO, S. R. et al. Relationships between body size attitudes and body image of 4-year-old boys and girls, and attitudes of their fathers and mothers. **Journal of Eating Disorders**, London, v. 3, n. 16, p. 1-10, 2015.

DANIELS, E. A.; LAYH, M. C.; PORZELIUS, L. K. Grooming ten-year-olds with gender stereotypes? A content analysis of preteen and teen girl magazines. **Body Image**, New York, v. 19, p. 57-67, 2016.

DEVELLIS, R. F. **Scale development**: theory and applications. 3. ed. Los Angeles: Sage Publications, 2012.

DUCHIN, O. et al. Maternal body image dissatisfaction and BMI change in school-age children. **Public Health Nutrition**, Wallingford, v. 19, n. 2, p. 287-292, 2015.

DUCHIN, O. et al. BMI and sociodemographic correlates of body image perception and attitudes in school-aged children. **Public Health Nutrition**, Wallingford, v. 17, n. 10, p. 2.216-2.225, 2014.

EVANS, E. H. et al. Body dissatisfaction and disordered eating attitudes in 7- to 11-year-old girls: Testing a sociocultural model. **Body Image**, New York, v. 10, p. 8-15, 2013.

FAIRWEATHER-SCHMIDT, A. K.; WADE, T. D. Piloting a perfectionism intervention for pre- adolescent children. **Behaviour Research and Therapy**, [S. l.], v. 73, p. 67-73, 2015.

FERREIRA, M. E. C.; CASTRO, M. R.; MORGADO, F. F. R. **Imagem corporal**: reflexões, diretrizes e práticas de pesquisa. Juiz de Fora: Editora da Universidade Federal de Juiz de Fora, 2014.

FESTINGER, L. A theory of social comparison processes. **Human Relations**, [S. l.], v. 7, n. 2, p. 117-140, 1954.

FORTES, L. S. et al. Imagem corporal e Infância. In: FERREIRA, M. E. C.; CASTRO, M. R.; MORGADO, F. F. R. (org.). **Imagem corporal**: reflexões, diretrizes e práticas de pesquisa. Juiz de Fora: Editora da Universidade Federal de Juiz de Fora, 2014. p. 49-65.

GARDNER, R. M.; BROWN, D. L. Comparison of video distortion and figural drawing scale for measuring and predicting body image dissatisfaction and distortion. **Personality and Individual Differences**, [S. l.], v. 49, n. 7, p. 794-798, 2010.

GALINDO, E. M. C.; CARVALHO, A. M. P. Tradução, adaptação e avaliação da consistência interna do Eating Behaviours and Body Image Test para uso com crianças do sexo feminino. **Revista de Nutrição**, Campinas, v. 20, n. 1, p. 47-54, 2007.

GAROUSI, S. Body weight concerns and antifat attitude in Iranian children. **International Journal of Preventive Medicine**, [S. l.], v. 5, n. 12, p. 1.587-1.593, 2014.

GOODELL, L. S. *et al.* Strategies low-income parents use to overcome their children's food refusal. **Maternal and Child Health Journal**, New York, v. 21, n. 1, p. 68-76, 2017.

HARRISON, S.; ROWLINSON, M.; HILL, A. J. "No fat friend of mine": young children's responses to overweight and disability. **Body Image**, New York, v. 18, p. 65-73, 2016.

HERON, K. E. *et al.* Assessing body image in young children: a preliminary study of racial and developmental differences. **SAGE Open**, [S. l.], v. 3, p. 1-7, 2013.

JELLINEK, R. D.; MYERS, T. A.; KELLER, K. L. The impact of doll style of dress and familiarity on body dissatisfaction in 6- to 8-year-old girls. **Body Image**, New York, v. 18, p. 78-85, 2016.

JONGENELIS, M. I.; BYRNE, S. M.; PETTIGREW, S. Self-objectification, body image disturbance, and eating disorder symptoms in young Australian children. **Body Image**, New York, v. 11, p. 290-302, 2014.

KAKESHITA, I. S. *et al.* Construção e fidedignidade teste-reteste de escalas de silhuetas brasileiras para adultos e crianças. **Psicologia – Teoria e Pesquisa**, [S. l.], v. 25, n. 2, p. 263-270, 2009.

LEITE, A. C. B. *et al.* Insatisfação corporal em escolares de uma cidade do Sul do Brasil. **Revista Brasileira de Crescimento e Desenvolvimento Humano**, São Paulo, v. 24, n. 1, p. 54-61, 2014.

LING, F. C. M. *et al.* Do children emotionally rehearse about their body image? **Journal of Health Psychology**, London, v. 20, n. 9, p. 1133-1141, 2015.

LIZANA, P. A. *et al.* Body image and weight status of children from rural areas of Valparaíso, Chile. **Nutricion Hospitalaria**, Madrid, v. 31, n. 2, p. 698-703, 2015.

MARTIN, G. M. Obesity in question: understandings of body shape, self and normalcy among children in Malta. **Sociology of Health & Illness**, Boston, v. 37, n. 2, p. 212-26, 2015.

MÁXIMO, T. A. C. O. *et al.* Processos de identidade social e exclusão racial na infância. **Psicologia em Revista**, Belo Horizonte, v. 18, n. 3, p. 507-526, 2012.

MAXIMOVA, K. *et al.* The role of underestimating body size for self-esteem and self-efficacy among grade five children in Canada. **Annals of Epidemiology**, New York, v. 25, p. 753-759, 2015.

McCABE, M. P.; RICCIARDELLI, L. A. A longitudinal study to explain strategies to change weight and muscles among normal weight and overweight children. **Appetite**, London, v. 45, n. 3, p. 225-234, 2005.

MICHAEL, S. L. *et al.* Parental and peer factors associated with body image discrepancy among fifth-grade boys and girls. **Journal of Youth and Adolescence**, New York, v. 43, n. 1, p. 15-29, 2014.

MOUNTFORD, V.; HAASE, A.; WALLER, G. Body checking in the eating disorders: associations between cognitions and behaviors. **International Journal of Eating Disorders**, [S. l.], v. 39, n. 8, p. 708-715, 2006.

MURNEN, S. K. Gender and body images. *In*: CASH, T.; SMOLAK, L. (ed.). **Body image**: a handbook of science, practice, and prevention. 2.a ed. New York, NY: The Guilford Press, 2011. p. 173-179.

NEVES, C. M. **Escala de preocupações e comportamentos relacionadas ao corpo na infância**: desenvolvimento e avaliação psicométrica. 2017. 319 f. Tese (Doutorado em Psicologia) – Programa de Pós-Graduação em Psicologia, Universidade Federal de Juiz de Fora, Juiz de Fora, 2017.

NEVES, C. M. *et al.* Physical appearance concerns and behaviors of children: a qualitative approach. **Psicologia em Estudo**, Maringá, v. 23, e40289, p. 1-16, 2018.

NEVES, C. M. *et al.* Adaptação transcultural e propriedades psicométricas do SATAQ-4R para crianças brasileiras (submetido).

NEVES, C. M. *et al.* Imagem corporal na infância: uma revisão integrativa da literatura. **Revista Paulista de Pediatria**, [S. l.], v. 35, n. 3, p 1-9, 2017.

PAPALIA, D. E.; FELDMAN, R. D. **Desenvolvimento humano**. 12. ed. Porto Alegre: AMGH, 2013.

PASQUALI, L. **Instrumentação psicológica**: fundamentos e práticas. Porto Alegre: Artmed, 2010.

PATALAY, P.; SHARPE, H.; WOLPERT, M. Internalising symptoms and body dissatisfaction: untangling temporal precedence using cross-lagged models in two cohorts. **Journal of Child Psychology and Psychiatry, and Apllied Disciplines**, New York, v. 56, n. 11, p. 1223-1230, 2015.

PEREIRA, E. F. *et al*. Percepção da imagem corporal de crianças e adolescentes com diferentes níveis socio-econômicos na cidade de Florianópolis, Santa Catarina, Brasil. **Revista Brasileira de Saúde Materno Infantil**, [S. l.], v. 9, n. 3, p. 253-262, 2009.

REULBACH, U. *et al*. Weight, body image and bullying in 9-year-old children. **Journal of Paediatrics and Child Health**, Melbourne, v. 49, n. 4, p. 288-293, 2013.

RICE, K. *et al*. Exposure to Barbie: effects on thin-ideal internalisation, body esteem, and body dissatisfaction among young girls. **Body Image**, New York, v. 19, p. 142-149, 2016.

ROSS, A.; PAXTON, S. J.; RODGERS, R. F. Y's Girl: increasing body satisfaction among primary school girls. **Body Image**, New York, v. 10, p. 614-618, 2013.

SCHILDER, P. **A imagem do corpo**: as energias construtivas da psique. São Paulo: Martins Fontes, 1999.

SHAFRAN, R. *et al*. Body checking and its avoidance in eating disorders. **International Journal of Eating Disorders**, [S. l.], v. 35, n. 1, p. 93-101, 2004.

SKELTON, J. A. *et al*. Children's perceptions of obesity and health: a focus group study with hispanic boys. **Infant, Child and Adolescent Nutrition**, [S. l.], v. 4, n. 5, p. 289-296, 2012.

SMOLAK, L. Body image development in childhood. *In*: CASH, T.; SMOLAK, L. (ed.), **Body image**: a handbook of science, practice, and prevention. 2. ed. New York, NY: The Guilford Press, 2011. p. 67-75.

SWAMINATHAN, S. *et al*. Associations between body weight perception and weight control behaviour in South Indian children: a cross-sectional study. **BMJ Open**, London, v. 3, n. 3, p. 1-8, 2013.

TATANGELO, G. L.; RICCIARDELLI, L. A. A qualitative study of preadolescent boys' and girls' body image: gendered ideals and sociocultural influences. **Body Image**, New York, v. 10, p. 591-598, 2013.

THOMPSON, J. K. *et al.* **Exacting beauty**: theory, assessment and treatment of body image disturbance. Washington, DC: American Psychological Association, 1999.

WALLANDER, J. L. *et al.* Is obesity associated with reduced health-related quality of life in Latino, black and white children in the community? **International Journal of Obesity**, London, v. 37, p. 920-925, 2013.

WELCH, C. *et al.* Discrepancies in body image perception among fourth-grade public school children from urban, suburban, and rural Maryland. **Journal of the American Dietetic Association**, Chicago, v. 104, n. 7, p. 1080-1085, 2004.

WORLD HEALTH ORGANIZATION. **Nutrition in adolescence:** Issues and challenges for the health sector: issues in adolescent health and development. Geneva: WHO, 2005.

XANTHOPOULOS, M. S. *et al.* The impact of weight, sex, and race/ethnicity on body dissatisfaction among urban children. **Body Image**, New York, v. 8, n. 4, p. 385-389, 2011.

Parte II

GÊNEROS E DIFERENÇAS NAS PRÁTICAS CORPORAIS

CAPÍTULO 4

O DISPOSITIVO DA SEXUALIDADE NA EDUCAÇÃO FÍSICA ESCOLAR: DISSIDÊNCIAS EM DEBATE

Leandro Teofilo de Brito

INTRODUÇÃO

Durante mais de duas décadas os estudos de gênero no campo da Educação Física problematizaram em suas pesquisas as desigualdades sociais vividas pelas mulheres nas práticas corporais e esportivas, como uma temática central, assim como questões relacionadas à participação de meninos e meninas em aulas mistas na escola (DEVIDE et al., 2011; GOELLNER, 2014). Entretanto a categoria sexualidade emerge como um tema urgente e necessário para o desenvolvimento de novas discussões nas pesquisas da referida área.

Ao adentrar no campo de estudos da Educação Física, a sexualidade é reconhecida num contexto de disputas sobre os sentidos que lhe são atribuídos socialmente e posicionados como verdades (DORNELLES; WENETZ; SCHWENGBER, 2017). Nesse contexto, sua inserção como objeto de análise nas pesquisas da área é emergencial para o desenvolvimento e avanço desse campo de estudos.

A sexualidade, como um dispositivo histórico de poder-saber (FOUCAULT, 2011), adentra os espaços de práticas corporais e esportivas, visibilizando sujeitos que não se identificam com a heterossexualidade, e a existências dessas pessoas denunciam as desigualdades vividas em tais ambientes ao mesmo tempo em que ressignificam lugares e posições até então tidas como inabitáveis por pessoas dissidentes das (hetero) normas.

Desse modo, busco neste capítulo diálogo com autores/as próximos às perspectivas pós-estruturalistas, como Michel Foucault, Judith Butler, Michael Warner, Adrienne Rich entre outros/as, para discutir o dispositivo da sexualidade como uma instância de segregação, desigualdade e deslocamento nas aulas de Educação Física escolar. Como recorte de uma pesquisa mais ampla, problematizo narrativas de um estudante do ensino médio, que se identificava como homossexual, discutindo a constituição de suas experiências como sujeito dissidente nas aulas de Educação Física escolar. Na sequência, apresento, com maior desenvolvimento, teorizações que abordam a sexualidade pelos estudos pós-estruturalistas.

4.1 A SEXUALIDADE COMO UMA CONSTRUÇÃO SOCIAL

Conforme mencionado, o filósofo francês Michel Foucault postulou a sexualidade como um dispositivo histórico de controle e normalização dos sujeitos, o que significa concebê-la a partir de um contexto histórico, político e cultural de saber-poder, que marcam posições discursivas como verdade na sociedade contemporânea (FOUCAULT, 2011).

Tais discursos produziram saberes-poderes criados para normatizar, controlar e estabelecer verdades a respeito do sexo, do corpo e de seus prazeres. Reconhecendo a sexualidade como uma categoria científica-político-social, Michel Foucault questiona o que nomeia de hipótese repressiva por meio do contraefeito nos discursos de regulação sobre a sexualidade:

> Mas o essencial é a multiplicação dos discursos sobre o sexo no próprio campo do exercício do poder: incitação institucional a falar do sexo e a falar dele cada vez mais; obstinação das instâncias do poder a ouvir falar e a fazê-lo falar ele próprio sob a forma da articulação explícita e do detalhe infinitamente acumulado (FOUCAULT, 2011, p. 24).

Aproximando as proposições de Michel Foucault ao campo da Educação, o filósofo, nesse contexto, afirma que um dos conjuntos estratégicos que desenvolveu dispositivos específicos de saber e poder a respeito da sexualidade, em específico no caso sobre a sexualidade infantil, denominava-se de "pedagogização do sexo da criança" (FOUCAULT, 2011, p. 115). Essa estratégia afirma que as crianças se dedicam ou são suscetíveis de se dedicarem a uma atividade sexual e, embora essa atividade fosse considerada indevida, também era, ao mesmo tempo, "natural" e "contra a natureza", pois trazia consigo perigos físicos e morais, coletivos e individuais, na infância. Existia toda uma preocupação com a sexualidade da criança durante o século XVIII:

> [...] as crianças são definidas como seres sexuais "liminares" ao mesmo tempo aquém e já no sexo, sobre uma perigosa linha de demarcação; os pais, as famílias, os educadores, os

> médicos e, mais tarde, os psicólogos, todos devem se encarregar continuamente desse germe sexual precioso e arriscado, perigoso e em perigo; essa pedagogização se manifestou, sobretudo na guerra contra o onanismo, que durou quase dois séculos no Ocidente. (FOUCAULT, 2011, p. 115).

O filósofo francês também teceu considerações a respeito dos colégios do século XVIII. Por intermédio de uma visão global de suas estruturas no tocante à sexualidade, tinha-se a impressão de que praticamente não se falava de sexo nas escolas durante o período. Contudo o quadro se modifica quando se atenta para os dispositivos arquitetônicos, para os regulamentos de disciplina e para a organização interior ao constatar que o sexo era tratado continuamente nas instituições educacionais durante a época.

> O espaço da sala, a forma das mesas, o arranjo dos pátios de recreio, a distribuição dos dormitórios (com ou sem separação, com ou sem cortina), os regulamentos elaborados para a vigilância do recolhimento e do sono, tudo fala da maneira mais prolixa da sexualidade das crianças. O que se poderia chamar de discurso interno da instituição – o que ela profere para si mesma e circula entre os que fazem funcionar– articula-se, em grande parte, sobre a constatação de que essa sexualidade existe: precoce, ativa, permanente. (FOUCAULT, 2011, p. 34).

Dessa forma, o silêncio geral em relação ao sexo das crianças e adolescentes nas instituições educacionais não poderia ser afirmado como verdade para Foucault (2011). Desde o referido período, o discurso do sexo fez-se presente nas escolas por meio de pontos diferentes de implantação do tema, codificação dos conteúdos e qualificação de locutores e interlocutores.

O sexo das crianças e adolescentes esteve presente em falas e ações por intermédio de educadores, médicos, administradores, pais e até mesmo pelas próprias crianças e jovens, falando com eles/as ou mesmo fazendo com que eles/as falassem sobre o assunto, por meio da imposição de conhecimentos canônicos ou formando a partir deles/as um saber que lhes escapava. A partir do século XVIII, a questão do sexo das crianças e dos adolescentes tornou-se um importante foco de dispositivos institucionais e estratégias discursivas com diversos significados – múltiplos, entrecruzados e hierarquizados – articulados às relações de poder.

Posteriormente, outros/as teóricos/as, nessa mesma linha epistemológica de Michel Foucault, também posicionaram a sexualidade como uma construção histórica e sociocultural. Judith Butler, filósofa feminista estadunidense, postulou que as categorias sexo e sexualidade, assim como já era reconhecido o termo gênero, seriam tidas também como construções sociais. Segundo a autora, "se o caráter imutável do sexo é contestável, talvez até o próprio construto chamado 'sexo' seja tão culturalmente construído como o gênero" (BUTLER, 2015, p. 27).

O sociólogo britânico Jeffrey Weeks também afirmou que embora o corpo biológico seja o local de reconhecimento da sexualidade, esta é mais simplesmente do que um corpo. Para o autor, a sexualidade tem tanto a ver com as nossas crenças, ideologias e imaginações quanto com o corpo físico, e "a melhor maneira de compreender a sexualidade é como um 'construto histórico'" (WEEKS, 1999, p. 38).

Com base nesses preceitos, emerge o termo heteronormatividade como um conceito importante nos estudos sobre a categoria sexualidade. A noção teórica foi desenvolvida pelo sociólogo estadunidense Michael Warner, na introdução da obra *Fear of a queer planet*, no ano de 1991. Heteronormatividade diz respeito à normatização da ordem social por um conjunto de dispositivos, tais como discursos, valores e práticas, pelo pressuposto de que a heterossexualidade é o único modelo de orientação sexual possível de ser vivenciado pelos sujeitos na ordem social, por meio do controle e da regulação de suas vidas, não apenas no que concerne à orientação sexual propriamente dita, mas também na imposição de padrões de comportamentos atrelados ao binarismo de gênero (WARNER, 1991).

Concordando com as proposições de Michael Warner, Miskolci (2009, p. 157-158) afirma que:

> A heteronormatividade expressa as expectativas, as demandas e as obrigações sociais que derivam do pressuposto da heterossexualidade como natural [...]. Muito mais do que o aperçu de que a heterossexualidade é compulsória, a heteronormatividade é um conjunto de prescrições que fundamenta processos sociais de regulação e controle, até mesmo aqueles que não se relacionam com pessoas do sexo oposto. Assim, ela não se refere apenas aos sujeitos legítimos e normalizados, mas é uma denominação contemporânea para o dispositivo histórico da sexualidade que evidencia seu objetivo: formar todos para serem heterossexuais ou organizarem suas vidas a partir do modelo supostamente coerente, superior e "natural".

A construção epistemológica do termo heteronormatividade articula outras noções teóricas importantes, tais como homofobia, heterossexismo e heterossexualidade compulsória. Quanto à homofobia, ela pode ser descrita como atitude de hostilidade contra pessoas que se identificam como homossexuais, designando essas pessoas como o outro, aquele/a que é inferior, anormal e estranho, fora do universo tido como normal e comum aos humanos (BORRILLO, 2010).

O pesquisador brasileiro Rogério Junqueira propõe uma complementação à noção de homofobia, ampliando-a em articulação com a heteronormatividade:

> Por isso, parece-me mais adequado entender a homofobia como um fenômeno social relacionado a preconceitos, discriminação e violência voltados contra quaisquer sujeitos, expressões e estilos de vida que indiquem transgressão ou dissintonia em relação às normas de gênero, à matriz heterossexual, à heteronormatividade. E mais: seus dispositivos atuam capilarmente em processos heteronormalizadores de vigilância, controle, classificação, correção, ajustamento e marginalização com os quais todos/as somos permanentemente levados/as a nos confrontar (JUNQUEIRA, 2012, p. 282-283).

Já o heterossexismo parte da pressuposição de que todos os sujeitos são ou deveriam ser heterossexuais, assim como se define na crença de uma hierarquia das sexualidades em que a heterossexualidade ocupa uma posição superior e que "todas as outras formas de sexualidade são consideradas, na melhor das hipóteses, incompletas, acidentais e perversas; e, na pior, patológicas, criminosas, imorais e destruidoras da civilização" (BORRILLO, 2010, p. 31). Um exemplo bastante recorrente dos efeitos do heterossexismo na nossa sociedade diz respeito aos livros e materiais didáticos das escolas, que mostram a representação de apenas um modelo de casal, composto por um homem e uma mulher. Nas palavras de Butler (2015, p. 70): "A univocidade do sexo, a coerência interna do gênero e a estrutura binária para o sexo e o gênero são sempre consideradas como ficções reguladoras que consolidam e naturalizam regimes de poder convergentes de opressão masculina e heterossexista". A noção de heterossexualidade compulsória foi desenvolvida pela teórica feminista.

Adrienne Rich, no clássico texto *Compulsory heterosexuality and lesbian existence* (2010), buscou problematizar a invisibilidade lésbica nos textos acadêmicos ao colocar em discussão a heterossexualidade como uma instituição política que retira compulsoriamente os direitos das mulheres, inclusive das mulheres heterossexuais, invisibilizando-as, assim como o processo de secundarização do movimento feminista num contexto de lutas políticas.

Judith Butler incorpora tal noção de maneira mais ampla, em sua obra mais conhecida, *Problemas de gênero: feminismo e subversão de identidade* (2015) para a discussão do modelo discursivo/epistemológico hegemônico de inteligibilidade de gênero pautado num sexo estável articulado a um gênero estável – masculino/macho e feminino/fêmea –, definidos de maneira oposicional e hierárquica, por meio da prática compulsória da heterossexualidade, que a autora também enuncia como matriz heterossexual (BUTLER, 2015).

Nessa direção, a filósofa feminista cunhou a noção de performatividade de gênero, que diz respeito à repetição da norma sobre o corpo, por meio de falas, atos e gestos, que buscam nos enquadrar como masculinos e femininos dentro da premissa sexo-gênero-desejo (BUTLER, 2015), que carrega preceitos da heteronormatividade. Entretanto, por ser esse um processo contingente e, consequentemente, imprevisível, deslocamentos estão presentes na repetição do corpo com base na norma, pois é justamente no contexto da norma que os sujeitos se ressignificam.

> [...] dizer que gênero é performativo é dizer que ele é um certo tipo de representação; o "aparecimento" do gênero é frequentemente confundido com um sinal de sua verdade interna ou inerente; o gênero é induzido por normas obrigatórias que exigem que nos tornemos um gênero ou outro (geralmente dentro de um enquadramento estritamente binário); a reprodução do gênero é, portanto, sempre uma negociação com o poder; e, por fim, não existe gênero sem essa reprodução das normas [...] (BUTLER, 2018, p. 39).

Dessa maneira, a heteronormatividade mostra-se como um regime regulador das formas com as quais as pessoas relacionam-se sexualmente e performatizam suas feminilidades e masculinidades, pois impõem, sancionam e legitimam a coerência sexo-gênero-desejo, centrada na heterossexualidade compulsória e nos preceitos da homofobia. Na próxima sessão, discuto narrativas sobre o dispositivo histórico da sexualidade atravessando práticas cotidianas da Educação Física escolar.

4.2 DISSIDÊNCIAS DA SEXUALIDADE NA EDUCAÇÃO FISICA ESCOLAR

Abordo a categoria sexualidade na Educação Física escolar nesta sessão do capítulo como parte da pesquisa de campo de minha tese de doutorado, que teve como tema central a constituição das experiências de jovens adolescentes que se identificavam como homossexuais e bissexuais, nos espaços-tempos da escola e do esporte (BRITO, 2018).

A produção dos relatos teve como fundamentação princípios postulados pela cientista social Leonor Arfuch, que se aproxima das perspectivas pós-estruturalistas para enunciar as narrativas como uma das múltiplas formas que integram o espaço biográfico, considerando-as uma das grandes divisões do discurso e da dimensão configurativa de toda experiência. Para essa autora, a produção de narrativas nas pesquisas em ciências sociais e humanas serão produtivas pela incorporação de "uma teoria de sujeito que considere seu caráter não essencial, seu posicionamento contingente e móvel nas diversas tramas em que sua voz se torna significante" (ARFUCH, 2010, p. 24).

Essa teoria de sujeito deve desconsiderar uma ideia de fonte de verdade universal advinda das vozes dos sujeitos autorizados a narrar suas experiências de opressão nos relatos biográficos. Conforme Scott (1998), quando a experiência é tomada como origem do conhecimento, a visão dos sujeitos, seja da pessoa que viveu a experiência ou a da que narra, torna-se verdade apriorística, remetendo-se a um entendimento essencialista da identidade que opera invisibilizando formas de como a diferença é estabelecida, como e de que maneira ela informa e constitui os sujeitos e suas posições assumidas no mundo.

> Em outras palavras, a experiência, concebida tanto por meio de uma metáfora de visibilidade, quanto por outro modo que tome o significado como transparente, reproduz, mais que contesta, sistemas ideológicos dados – aqueles que presumem que os fatos da história falam por si mesmos e aqueles que se fundamentam em ideias de uma oposição natural ou estabelecida entre, digamos, práticas sexuais e convenções sociais, ou entre homossexualidade e heterossexualidade (SCOTT, 1998, p. 302).

Desse modo, Scott (1998) propõe que ao tornar visível a experiência de um grupo por meio de seus relatos vivenciais, coloque-se em evidência os processos históricos que, constituídos pelo discurso, posicionam sujeitos na construção crítica de sua experiência, já que "não são indivíduos que têm experiência, mas sim sujeitos que são constituídos pela experiência" (SCOTT, 1998, p. 304). Nessa perspectiva, a autora tensiona o caráter incontestável da experiência descrita em textos históricos de relatos e narrativas, permitindo reflexões sobre a desconstrução de posições essencializadas e predeterminadas pela identidade, que os sujeitos assumem para as pesquisas.

> Experiência nesta definição torna-se, então, não a origem de nossa explanação, não a evidência legitimadora (porque vista ou sentida) que fundamenta o que é conhecido, mas sim o que procuramos explicar, sobre o que o conhecimento é apresentado. Pensar sobre a experiência desse modo é historicizá-la, bem como historicizar as identidades que ela produz. [...] é uma historicização que implica exame crítico de todas as categorias explicativas tomadas normalmente como óbvias, incluindo a categoria de "experiência" (SCOTT, 1998, p. 304).

Outro ponto importante na produção das narrativas é o processo dialógico entre pesquisador e sujeitos em suas relações. Para Arfuch (2010, p. 239), "a forma dialógica é essencial, tanto para o contato e a configuração mesma do 'campo' (o traçado temático, as variáveis e a amostra que orientarão a posterior indagação) quanto para a produção interlocutiva desses relatos, segundo objetivos particulares". A construção de narrativas se processa na interação com o *outro*, em relação dialógica e alteritária, que permite reconhecer o encontro entre pesquisador e sujeito pesquisado como um acontecimento, no qual o diálogo é uma forma criativa e produtiva do *eu* se aproximar com suas palavras às palavras do *outro* (BAKHTIN, 2011).

Nessa perspectiva, toda linguagem produzida leva em conta outras enunciações anteriormente produzidas e busca dialogar com outras que se supõe que serão produzidas posteriormente, o que faz locutor e interlocutor agirem e atuarem ativamente no diálogo proferido (BAHKTIN, 2011). O locutor interpela o interlocutor prevendo, em alguma medida, o que ele pode vir a responder ou antecipando uma compreensão ativa na resposta, assim como o locutor leva em consideração – ainda que não de forma explícita – identificações do interlocutor, tais como classe social, formação acadêmica, grau de proximidade e intimidade, para escolher o melhor recurso linguístico para a interpelação, o que podemos reconhecer como exemplo da materialização de espaços de dialogicidade.

> O enunciado é um elo na cadeia da comunicação discursiva e não pode ser separado dos elos precedentes que o determinam tanto de fora quanto de dentro, gerando nele atitudes responsivas diretas e ressonâncias dialógicas. Entretanto, o enunciado não está ligado apenas aos elos precedentes, mas também aos subsequentes da comunicação discursiva. Quando o enunciado é criado por um falante, tais elos ainda não existem. Desde o início, porém, o enunciado se constrói levando em conta as atitudes responsivas, em prol das quais ele, em essência, é criado (BAHKTIN, 2011, p. 300).

Considerei tais preceitos para conduzir a produção de narrativas na pesquisa. O jovem adolescente que narrou suas experiências nomeou-se como *Felipe* (nome fictício), tinha 19 anos e cursava o terceiro ano do ensino médio em um colégio da rede estadual do Rio de Janeiro. Era também atleta de voleibol na escola e num clube. A entrevista ocorreu no mês de dezembro do ano de 2016.

Segue trecho narrativo:

Leandro: Então me fale como é que a sua orientação sexual era vista na escola.
Felipe: Então... Na escola eu sempre dizia que eu era hetero porque nunca me viram falar de namoro, me ver com uma menina... Então os garotos sempre falavam "Não, Felipe é gay, que não sei o que, não sei que lá". Sempre me zoando. E eu "Não, sou hetero, gosto de menina, que não sei o que...", falava que eu era hetero e tal. Só que, tipo, eu nunca senti atração por menina. E eu era sempre zoado e tal por não me verem com namorada, demonstrava todo jeito de ser gay e eu mesmo não me aceitava. Era pior até fingir que era hetero, porque aí que eles pegavam mais no meu pé... Era triste.
Leandro: E você nunca buscou ajuda da escola sobre isso? Os professores se calavam? Como era isso?
Felipe: Não. Eu nunca tive coragem de pedir ajuda pra ninguém na escola. Era como se esse fato fizesse parte do meu cotidiano, fazia parte de todas as aulas, de todas as disciplinas. Daí você vê... Eu jogo vôlei, faço parte de uma equipe e na Educação Física eu tinha horror dela.
Leandro: Ser atleta, habilidoso... Não te fazia se impor mais na Educação Física?
Felipe: Nada, eu sou péssimo em tudo. A única coisa que eu faço mesmo é jogar vôlei... Do resto... Futebol odeio e sou uma negação. Tenho verdadeiro pavor de jogar futebol. E na Educação Física do ensino médio a coisa fica meio solta, rola futebol toda aula, eu acho que é até uma imposição da direção pra ser uma disciplina sem muita cobrança e tal. E na escola poucas pessoas sabiam que eu integrava o time de vôlei, porque os treinos eram de tarde e eu estudava de manhã. De tarde, na minha escola, só tem fundamental. Então ter sido atleta era algo meio escondido pra esse pessoal que me zoava, nunca imaginariam...
Leandro: Estou entendendo...
Felipe: Eu acho que por ser um espaço mais livre, sem muito controle do professor, aí é que o bullying rolava solto mesmo comigo. Então eles conseguiam perceber que a pessoa tá acanhada e tal e caíam em cima, por não tá ali no meio da aula,

> *muito envolvido. Só que... Aí eles acabavam zoando, gastando a pessoa por ela não querer fazer aula ou estar fazendo obrigada. Só que, tipo assim, eu sempre fui assim... meio com esse jeito mais afeminado, delicado... Sempre sofri muito na Educação Física. Pior aula pra mim. E eu não era só zoado por meninos não... Várias meninas me chamavam de viado, bicha, pelas costas. Muitas mesmo. Esse ano mesmo, tinha um grupo delas que vivia me zoando... Eu e mais dois meninos da sala. E na Educação Física era onde a gente mais ficava exposto...*

Felipe buscava, pela afirmação de uma suposta heterossexualidade, minimizar a discriminação que sofria na escola por sua performance de masculinidade não se enquadrar na norma. Sedgwick (2007) destaca que o regime do armário abarca situações nas quais as pessoas optam por não assumirem publicamente a identificação gay, dada a importância de aspectos pessoais, econômicos e institucionais em suas vidas, que seriam afetados em caso de *outing*. Para a autora, "[...] há poucas pessoas gays, por mais corajosas e sinceras que sejam de hábito, por mais afortunadas pelo apoio de suas comunidades imediatas, em cujas vidas o armário não seja ainda uma presença formadora" (SEDGWICK, 2007, p. 22). Entretanto a estratégia de Felipe de se manter no armário na escola é relatada por ele como tendo resultado em efeito contrário, fazendo com que os colegas persistissem – de forma até maior – com os apelidos e injúrias.

O relato de Felipe também expõe a Educação Física como a "pior aula" da escola e aquela em que mais era rechaçado pelos/as colegas da turma por sua performance de gênero/orientação sexual, inclusive entre as meninas. Independentemente de o jovem adolescente ser atleta de voleibol, fato que poderia trazer proximidade e interesse com as práticas corporais em geral, a aula de Educação Física na escola acabou sendo denunciada como um palco de discriminação em relação a sua orientação homossexual e à performatização de masculinidade dissidente.

Silva, Botelho-Gomes e Goellner (2008) afirmam que, historicamente, a Educação Física escolar tem o desporto como um território de prevalência masculina, em que se marcam os corpos de homens e mulheres como generificados. As autoras retratam que ao falar de desporto, gênero e masculinidade, a proximidade com o tema da homofobia se faz inevitável, pois faz parte das construções de virilidade e da promoção de uma versão particular de masculinidade, a negação da homossexualidade e do feminino por meio das práticas esportivas. Entretanto, mesmo engajado no desporto como atleta, a condição de abjeção e precariedade do jovem adolescente mantinha-se marcada na Educação Física escolar.

A noção de abjeção é entendida como aquilo que foi expelido do corpo, descartado como um excremento ou um elemento estranho, algo que é considerado, de fato, o outro (KRISTEVA, 1998). Destaca-se o caráter de exclusão e repulsa de sujeitos e corpos tidos como abjetos nos contextos sociais e identificações de gênero e sexualidade tidas como não inteligíveis e dissidentes facilmente estão relacionadas à condição de abjeção, conforme *Felipe* narra em seus relatos.

> O abjeto designa aqui precisamente aquelas zonas "inóspitas" e "inabitáveis" da vida social, que são, não obstante, densamente povoadas por aqueles que não gozam do status de sujeito, mas cujo habitar sob o signo do "inabitável" é necessário para que o domínio do sujeito seja circunscrito. Essa zona de inabitabilidade constitui o limite definidor do domínio do sujeito; ela constitui aquele local de temida identificação contra o qual – e em virtude do qual – o domínio do sujeito circunscreverá sua própria reinvindicação de direito à autonomia e à vida. (BUTLER, 2015, p. 155).

A condição de precariedade desse jovem adolescente na escola diz respeito às formas de distribuição da vulnerabilidade em que algumas pessoas se encontram mais expostas do que as outras, estando, assim, enquadradas em maior ou menor condição precária. Butler (2009) postula que, por definição, vidas são precárias, sendo esta uma característica de todo ser vivente, o que implica que a condição precária é universal e insuperável, marca de todo corpo que um dia será exposto à morte; já a precariedade tem como sentido formas de vida mais ou menos precárias, conforme o acesso a bens, serviços, recursos e políticas públicas, segundo marcadores corporais que promovem maior ou menor precariedade em vidas vivíveis. As narrativas apresentadas pelo jovem adolescente, sobretudo pelas violências simbólicas vivenciadas, apreendem-no como um corpo abjeto e em condição alta de precariedade no espaço escolar.

Felipe também denuncia em sua narrativa a prática do futebol como a única possibilidade apresentada para as aulas de Educação Física no ensino médio: "E na Educação Física do ensino médio a coisa fica meio solta, rola futebol toda aula, eu acho que é até uma imposição da direção pra ser uma disciplina sem muita cobrança e tal". Prado e Ribeiro (2014), em pesquisa que problematizou as memórias de homens homossexuais quando estudantes da educação básica nas aulas de Educação Física escolar, afirmam que esses, ao negarem a prática do futebol nas aulas, tornavam-se alvo de discriminação perante seus pares, pois:

> Para uma cultura sexista e machista que cultua o futebol como legado masculino das práticas esportivas, um homem que não se adeque a essa prescrição deve ser marcado como desertor da masculinidade. O fato de não querer jogar futebol nas aulas de educação física na escola é um motivo para práticas de discriminação [...] (PRADO; RIBEIRO, 2014, p. 208).

Em pesquisa com discentes e docentes sobre a temática masculinidade nas aulas de Educação Física escolar, Silva e César (2012) apontaram a marginalização de sujeitos não heteronormativos nas aulas afirmando que "os corpos, principalmente os masculinos, que escapam ao binarismo sexual também são tidos como problemáticos" (p. 108), sejam aqueles em que a performance do masculino não se mostra condizente com os sentidos mais sedimentados socialmente, sejam aqueles em que o rendimento físico na aula não atendia a características de virilidade atribuídas à normalização da masculinidade, tais como habilidade, força e resistência. No caso de Felipe, a primeira afirmação do autor e da autora cabe na interpretação das narrativas.

CONSIDERAÇÕES FINAIS

Este capítulo visibilizou a sexualidade como uma categoria emergencial a ser explorada e desenvolvida nas pesquisas do campo de estudos da Educação Física, pois sujeitos que não se identificam com a heterossexualidade também almejam respeito e reconhecimento nos variados contextos em que vivenciam práticas corporais e esportivas. No caso específico da Educação Física escolar, espaço generificado e heterocentrado, que trabalhos anteriores já haviam denunciado, foi o foco da discussão aqui desenvolvida.

Nesse contexto, a imposição da heteronormatividade e seus sentidos discriminatórios e segregadores atravessou a constituição de Felipe como estudante nas aulas de Educação Física escolar. Preceitos masculinizantes mais normalizadores ainda são reproduzidos nas aulas, legitimando performances da masculinidade articuladas à heterossexualidade como norma que, historicamente, legitimou um sentido único de "ser homem" pelas práticas corporais e esportivas escolares. Tal fato coloca-nos à reflexão de como a diferença ainda é vista de maneira negativa nos contextos escolares.

Desse modo, aponto como emergencial para os cursos de formação inicial e continuada em Educação Física intervenções sobre questões relacionadas às diferenças, em particular sobre as categorias gênero e sexualidade, para que tais situações possam ser problematizadas com ações e estratégias combativas nos espaços escolares. A abordagem dessas temáticas enriquecerá os variados processos pedagógicos escolares cotidianos, repensando os currículos e seus preceitos homogeneizadores, sexistas e heteronormativos. Podemos, dessa forma, tensionar e intervir na dominância da heteronormatividade nos contextos de práticas corporais e esportivas, com destaque para a Educação Física escolar, na qual esta pesquisa se debruçou.

REFERÊNCIAS

ARFUCH, Leonor. **O espaço biográfico**: dilemas da subjetividade contemporânea. Rio de Janeiro: Editora da Universidade Estadual do Rio de Janeiro, 2010.

BAKHTIN, Mikhail. **Estética da criação verbal**. 6. ed. São Paulo: Martins Fontes, 2011.

BORRILLO, Daniel. **Homofobia**: história e crítica de um preconceito. Belo Horizonte: Autêntica, 2010.

BRITO, Leandro Teofilo de. **Enunciações de masculinidade em narrativas de jovens atletas de voleibol**: leituras em horizonte queer. 2018. 228 f. Tese (Doutorado em Educação) – Programa de Pós-Graduação em Educação, Universidade do Estado do Rio de Janeiro, Rio de Janeiro, 2018.

BUTLER, Judith. **Corpos em aliança e a política das ruas**. Notas para uma teoria performativa de assembleia. Rio de Janeiro: Civilização Brasileira, 2018.

BUTLER, Judith. **Problemas de gênero**: feminismo e subversão da identidade. 8. ed. Rio de Janeiro: Civilização Brasileira, 2015.

BUTLER, Judith. **Vida precária**. El poder del duelo y la violência. Buenos Aires: Paidós, 2009.

DEVIDE, Fabiano Pries *et al*. Estudos de gênero na Educação Física Brasileira. **Motriz**, Rio Claro, v. 17, n.1, p. 93-103, jan./mar. 2011.

DORNELLES, Priscila Gomes; WENETZ, Ileana; SCHWENGBER, Maria Simone Vione. Caminhos teóricos e políticos do trato com a sexualidade na educação física. *In*: DORNELLES, Priscila Gomes; WENETZ, Ileana; SCHWENGBER, Maria

Simone Vione (org.). **Educação física e sexualidade**: desafios educacionais 1. 1. ed. Ijuí: Universidade Regional do Noroeste do Estado do Rio Grande do Sul, 2017. p. 23-48.

FOUCAULT, Michael. **História da sexualidade volume 1**: A vontade de saber. 21. reimp. Rio de Janeiro: Graal, 2011.

GOELLNER, Silvana Vilodre. A contribuição dos estudos de gênero e feministas para o campo acadêmico-profissional da Educação Física. *In*: DORNELLES, Priscila Gomes; WENETZ, Ileana; SCHWENGBER, Maria Simone Vione (org.). **Educação física e gênero**: desafios educacionais. Ijuí: Universidade Regional do Noroeste do Estado do Rio Grande do Sul, 2013. p. 23-44.

JUNQUEIRA, Rogério. Pedagogia do armário: heterossexismo e vigilância de gênero no cotidiano escolar. **Educação On-Line**, Rio de Janeiro, v. 10, p. 64-83, mar./jul. 2012.

KRISTEVA, Julia. **Poderes de la perversión**: ensayo sobre Louis-Ferdinand Céline. Madrid: Siglo XXI, 1988.

MISKOLCI, Richard. A teoria queer e a sociologia: o desafio de uma analítica da normalização. **Sociologias**, Porto Alegre, v. 21, p. 150-182, jan./jun. 2009.

SILVA, Marcelo; CESAR, Maria Rita. As masculinidades produzidas nas aulas de educação física: percepções docentes. **Motrivivência**, Florianópolis, n. 39, p. 101-112, dez. 2012.

PRADO, Vagner; RIBEIRO, Arilda. Educação física escolar, esportes e normalização: o dispositivo de gênero e a regulação de experiências corporais. **Revista de Educação**, Campinas, v. 19, n. 3, set./dez. 2014.

RICH, Adrienne. Heterossexualidade compulsória e existência lésbica. **Revista Bagoas** – estudos gays: gênero e sexualidades, Natal, v. 4, n. 5, p. 17-44, jan. 2010.

SCOTT, Joan. A invisibilidade da experiência. Projeto História. **Revista do Programa de Estudos Pós-Graduados de História**, São Paulo, v. 16, p. 297-325, jan./jun. 1998.

SEDGWICK, Eve Kossofsky. Epistemologia do armário. **Cadernos Pagu**, Campinas, v. 28, p. 19-54, jan./jun. 2007.

SILVA, Paula; BOTELHO-GOMES, Paula; GOELLNER, Silvana Vilodre. Educação Física no sistema educativo português: um espaço de reafirmação da masculinidade hegemônica. **Revista Brasileira de Educação Física e Esporte**, São Paulo, v. 22, n. 3, p. 219-233, jul./set. 2008.

WARNER, Michael. **Fear of a queer planet**: queer politics and social theory. Minnesota: Minnesota Press, 1991.

WEEKS, Jeffrey. O corpo e a sexualidade. *In*: LOURO, Guacira Lopes (org.). **O corpo educado**: pedagogias da sexualidade. Belo Horizonte: Autêntica, 1999. p. 35-82.

CAPÍTULO 5

A FORMAÇÃO DE NOVAS IDENTIDADES NO ESPORTE: ATLETAS TRANSGÊNEROS

Fernanda Dias Coelho
Ludmila Mourão
Tayane Mockdece Rihan
João Paulo Fernandes Soares

Penso que estamos vivendo os últimos dias do que poderia muito bem ser chamado de "era da identidade".
(Kate Bornstein em My Gender Workbook)

INTRODUÇÃO

O presente capítulo busca realizar uma revisão de literatura acerca da inserção de sujeitos e atletas transgêneros na sociedade. Para essa tarefa ser concretizada, buscamos referenciais como Stuart Hall e Thomaz Tadeu Silva, que abordam temas sobre as múltiplas identidades existentes no mundo contemporâneo, bem como os movimentos que contribuíram para tal fato.

Dessa maneira, buscamos realizar um diálogo entre esses e outros autores, contextualizando fatores históricos e contemporâneos envolvendo atletas transgêneros. Percebe-se que, embora a sociedade pós-moderna entenda as existências de novas identidades (sujeitos transgêneros) na atualidade, ainda existem barreiras a serem vencidas para que esses sujeitos não sejam vistos como abjeções.

A heterossexualidade e a cisgeneridade ainda são vistas como normas sociais a serem mantidas. No entanto, no esporte, observa-se aos poucos a incorporação de novas representações. Percebe-se o atleta transgênero transcendendo as barreiras (sexo/gênero) e desafiando a compreensão dos padrões estabelecidos, postulando a produção de outros sujeitos, que tencionam os valores vigentes.

Nos debates sobre os estudos de gênero baseamo-nos em autores como Judith Butler e Richard Miscolci, que abordam a Teoria Queer. Sob as referências de Judith Butler, abordamos a Performatividade Queer, que trata justamente da questão dos corpos e das performances trans que subvertem as normas sociais.

Além disso, trouxemos para a discussão as autoras Berenice Bento, precursora dos estudos sociais sobre transgêneros, e Letícia Lanz, psicanalista, pesquisadora e transgênera. Ambas as autoras debatem as identidades trans e abordam questões de normas e condições de vidas transgêneras que nos fazem refletir sobre como o esporte, sendo um fenômeno social, ainda tem muito a avançar na inclusão do sujeito trans.

Observa-se que o Brasil ainda necessita de muitos estudos sobre essa população não só no esporte, mas no âmbito social geral. Dessa forma, faz-se necessária a discussão a seguir.

5.1 TRANSGENERIDADE NA SOCIEDADE E NO ESPORTE: APROXIMAÇÕES HISTÓRICAS

Em 1910 surgiu o primeiro termo "transexualpsíquico", referido pelo sexólogo Magnus Hirschfeld para referir-se a travestis fetichistas. O termo voltou a ser utilizado em 1949, por Cauldwell, quando publicou um estudo de caso de um transexual masculino. Até então não havia uma nítida separação entre transexuais, travestis e homossexuais.

Na década de 1950, começam a surgir as primeiras publicações e registros defendendo o "fenômeno transexual", caracterizando o início da construção do conceito da "transexualidade". Dessa forma, iniciaram-se os primeiros estudos teóricos e práticos entre as associações internacionais, voltando o conhecimento para a transexualidade e a construção de diagnósticos, diferenciando gays, lésbicas e travestis.

Em 1953, nos Estados Unidos, o endocrinologista alemão Hanrry Benjamim apontou a cirurgia como a única alternativa possível para os/as transexuais. Essa posição foi contrária aos pontos de vistas dos profissionais da saúde mental, que eram reticentes às intervenções corporais como alternativa terapêutica.

Durante o ano de 1955, o conceito de gênero havia sido aplicado ao hermafroditismo por John Money, professor de Psicopediatria, em expressões como "papel de gênero" ou "identificação/funções de gênero". O conceito "identidade de gênero" ficou inseparavelmente ligado à transexualidade em 1966, quando foi feita a primeira cirurgia de mudança de sexo no Hospital John Hopkins na Clínica de Identidade de Gênero (HBIGDA).

A partir daí, iniciou-se o processo de identificação do real diagnóstico sobre a transexualidade, desde então vista como uma patologia. O termo "transexualismo" era a nomenclatura oficial para definir as pessoas que viviam uma contradição entre o corpo e a subjetividade. O sufixo "ismo" é denotativo de condutas sexuais perversas.

Ainda sob a lógica da patologização, o saber oficial nomeia as pessoas que passam pelo processo de transição como "transexuais femininos" ou "transexuais masculinos". Logo, mesmo passando por todos os processos de redesignação para pertencerem ao gênero de identificação, os/as transexuais não conseguiram desvencilhar-se do destino biológico, uma vez que o gênero que significará "transexual" será o gênero do nascimento. Portanto essa nomenclatura nega e recorda durante todo o tempo que ele/ela nunca será um homem/uma mulher de "verdade". Nos termos oficiais, utilizam-se "transexuais femininas" ou "mulheres transexuais" para se referir aos sujeitos que se identificam como mulheres e "transexuais masculinos" ou "homens transexuais" para os que se identificam como homens.

O diagnóstico da transexualidade é realizado a partir de uma série de avaliações, incluindo: histórico completo do caso, testes psicológicos e sessões de terapia. O diagnóstico e o "tratamento" empregados nas comissões de gênero ou nos programas de transgenitalizações baseiam-se nos seguintes documentos: "Normas de Tratamento da HBIGDA" e *Manual de diagnóstico e estatísticas de distúrbios mentais* (DSM) da Associação Psiquiátrica Americana (APA).

A APA incluiu o "Transtorno de Identidade de Gênero" em sua terceira versão (DSM-III), em 1980, mesmo ano em que retirou a homossexualidade desse documento. Posteriormente, no ano de 2018, a transexualidade também foi retirada do manual, passando, então, pelo processo de despatologização.

O processo transexualizador é composto pelas exigências dos Programas de Redesignificação que definem um conjunto de fatores obrigatórios para os/as candidatos/as. Existem alguns protocolos que concretizam essas obrigatoriedades, relacionados ao tempo de terapia, à terapia hormonal, ao teste de vida real, aos testes de personalidade, além dos exames de rotina. Caso o/a candidato/a consiga cumprir todas as etapas e exigências estabelecidas, estará apto/a à cirurgia de transgenitalização.

Historicamente, no campo esportivo, a primeira atleta ícone transgênera foi a tenista Reneé Richards. Nos anos de 1970, ocorreu sua estreia nas quadras, vindo a se tornar uma das top 20 nos Estados Unidos da América. Renée teve que recorrer à justiça para competir com outras mulheres, o que não acontece em outros espaços sociais nos quais as transexuais prescindem desse dispositivo (CAMARGO, 2017).

Outro exemplo no meio esportivo foi a transição de Caitlyn Jenner, em 2015, nos Estados Unidos da América: medalhista de ouro nos Jogos Pan-Americanos de 1975 e ouro no decatlhon nos Jogos Olímpicos de verão de 1976, Bruce Jenner foi aclamado como o "maior atleta do mundo". Porém, após pouco mais de dois meses do seu processo de transição para o gênero feminino, em 2015, abandonou a carreira esportiva, tornando-se atriz, modelo, *socialite* e apresentadora de show business (LOVELOCK, 2016).

O seguinte fato reconhecido mundialmente foi a transição da lutadora norte-americana de MMA (Mixed Martial Arts) transgênero, Fallow Fox. A lutadora iniciou a carreira esportiva no octógono, em 2012, após a sua transição, mesmo sofrendo diversos ataques de transfobia em redes sociais e na mídia ao longo da sua trajetória esportiva. Tais comentários transfóbicos extrapolam o universo da luta e trazem à cena situações nas quais foi possível identificar fobia, aversão e repulsa aos sujeitos que subvertem as representações normativas de gênero e de sexualidade, sobretudo no esporte (GRESPAN; GOELLNER, 2014).

No Brasil, o caso mais famoso, recente e polêmico de transgeneridade no esporte foi o da atleta profissional Thifany Abreu, em 2017/2018, estreando na Super Liga de Voleibol. Por muitos anos a esportista atuou no esporte profissional enquanto homem. Após a sua transição, que ocorrera em outro país e com o seu nome social reconhecido, a atleta retorna às quadras brasileiras, sofrendo inúmeras críticas e questionamentos em termos de performance esportiva (VEJA, 2018).

Já no esporte amador, podemos citar uma equipe de futebol formada por homens transgêneros, conhecidos como "Meninos Bons de Bola", no estado de São Paulo. Segundo o representante dessa equipe, a intenção não é demonstrar o quanto os atletas trans são bons de bola, mas trazer para o contexto esportivo que o futebol é capaz de unir sujeitos com a mesma identidade de gênero e promover o prazer da prática esportiva. Além disso, a equipe tem o intuito de levar até a mídia a visibilidade do sujeito transgênero praticante de futebol: uma modalidade emblemática na sociedade brasileira, à medida que é tida como um esporte da formação do macho. Em suas camisas, os atletas possuem a seguinte frase: "Nossos corpos na quadra: é arte, ativismo e resistência" (MÍDIA NINJA, 2018).

No fisiculturismo brasileiro, os atletas trans passaram a se fazer presentes a partir de 2018, como é o caso de Juliano Ferreira, de 32 anos. Nessa modalidade em específico, a questão da exposição corporal constante e o uso de hormônios para competições torna-se um paradoxo, uma vez que os corpos trans são considerados abjeções e a terapia hormonal faz parte do seu cotidiano. *"Sempre fui homem"*, diz Juliano Ferreira, de 32 anos, o primeiro homem transexual a participar de um campeonato de fisiculturismo no Brasil. O concurso, que aconteceu no ano de 2018, reuniu participantes de categorias diferentes: Juliano ficou em 5º lugar entre os homens mais fortes do país (VESPA, 2018).

Fatos como os dos/as atletas supracitados/as demonstram a necessidade de se realizar discussões acerca do tema em questão. Percebe-se no esporte o reflexo da sociedade quanto às questões de gênero que, de forma lenta e gradual, vem ultrapassando as barreiras do binarismo masculino/feminino. Essa situação remete-nos a pensar sobre as novas identidades surgidas na pós-modernidade, abordadas por Stuart Hall (2006). Segundo o autor, permeando as questões de gênero, raça e etnia, alguns movimentos sociais surgiram e deram visibilidade à diversidade de indivíduos que encontramos hoje na sociedade, causando uma ruptura das identidades fixas tidas anteriormente como normas.

5.2 NOVAS IDENTIDADES DE GÊNERO NA SOCIEDADE E NO ESPORTE: CONTEXTO ATUAL

As identidades que por tanto tempo estabilizaram o mundo social estão em declínio, fazendo surgir novas possibilidades, fragmentando o indivíduo moderno, até aqui visto como um sujeito unificado. Percebe-se um deslocamento das estruturas e processos centrais das sociedades modernas, abalando os quadros de referências que davam aos indivíduos uma estabilidade no mundo social (HALL, 2006).

O mundo contemporâneo vem sendo demarcado pelo processo de pluralização das identidades. Logo, os cenários políticos começam a ser desfeitos, desencadeando o deslocamento da "identidade mestra", vista como referência das classes. No conceito de "identidade mestra" podemos citar a norma social criada em volta do sujeito branco, heterossexual, cristão e cisgênero, fruto da herança do colonialismo (MISCOLCI, 2012).

Essa identidade tida como ideal é aquela em que todos os sujeitos da sociedade devem se encaixar e responsável pela "castração" de outras existentes. Dessa forma, observa-se a emergência em discutir sobre as novas identidades pertencentes à nova base política definida pelos novos movimentos das classes sociais: o feminismo, as lutas negras, os movimentos de liberação nacional, entre outros de igual relevância.

Tornou-se comum dizer que a época moderna fez surgir uma nova forma de "individualismo", no centro da qual se erigiu outra concepção de sujeito individual e sua identidade. Nesse sentido, as transformações associadas à modernidade libertam o indivíduo de seus apoios estáveis nas tradições e nas estruturas, antes acreditadas como divinamente estabelecidas e não sujeitas, portanto, a mudanças fundamentais.

Alguns movimentos foram essenciais para o desencadeamento da formação das novas identidades, como as identidades de gênero, na contemporaneidade. Dentre eles, os movimentos feministas, que começaram dirigidos à contestação da posição social das mulheres e expandiu-se para incluir a formação das identidades sexuais e de gênero. O movimento questionou a noção de que os homens e as mulheres eram parte da mesma identidade, a "Humanidade", substituindo-a pela questão da diferença sexual.

Na segunda metade do século XX, a abertura dos estudos de gênero deu possibilidades para novas identidades serem reconhecidas, provocando um esgarçamento do binarismo masculino/feminino e originando outras discussões. O processo de despatologização de outros gêneros – gays, lésbicas, travestis e transexuais –, que fugiam do binarismo, foi essencial para a abertura desses diálogos sociais. Nesse mesmo raciocínio sobre formações de identidades, Silva (2010) afirma que a sociedade tende a enxergar as novas identidades por meio das diferenças. Dessa maneira, elege- se a identidade referência, tendenciando a tomar a norma como aquilo que devemos ser.

No caso das generificações, a sociedade adotou como norma histórica e culturalmente construída a heterossexualidade e a cisgeneridade. Por conseguinte, aqueles que destoam dessas regras são vistos como diferentes. Portanto, gays, lésbicas, travestis, transgêneros ou qualquer outra forma divergente de gênero são vistos como abjetos por não se enquadrarem nos padrões sociais.

As criações sociais e culturais da sociedade são refletidas nos estudos de gênero. Logo, o gênero possui como função classificar e hierarquizar moralmente o que é "normal" e o que é "anormal", provocando, assim, a marginalização e a exclusão. Portanto a identidade e as diferenças de gênero são capazes de traduzir os desejos dos diferentes grupos sociais, estando em estreita relação com o poder.

O mundo social é dividido em algumas classificações como forma de estabelecer relações de poder, e esse processo é central, colocando os indivíduos entre "nós" e "eles". No caso, os sujeitos trans são classificados como "eles", ou seja, distantes das classificações hegemônicas privilegiadas.

Silva (2010) explica que o processo de classificação é central na vida social. Ele pode ser entendido como um ato de significação pelo qual dividimos e ordenamos o mundo social em grupos, em classes. A identidade e a diferença estão estreitamente relacionadas às formas como a sociedade produz e utiliza essas classificações, as quais são sempre feitas a partir do ponto de vista da identidade. Isto é, as classes em que o mundo social é dividido não são simples agrupamentos simétricos. Dividir e classificar significa, nesse caso, também hierarquizar. Deter o privilégio de classificar significa também deter o privilégio de atribuir diferentes valores aos grupos assim classificados.

A mais importante forma de classificação é aquela que se estrutura em torno de oposições binárias, ou seja, em torno de duas classes polarizadas. O filósofo francês Jacques Derrida (1991) analisou esse processo. Para ele, as relações de identidade e diferença ordenam-se, todas, em torno de oposições binárias: masculino/feminino, branco/negro, heterossexual/homossexual, cisgênero/transgênero. Porém essas oposições binárias não expressam uma simples divisão do mundo em duas classes simétricas, pois, segundo o autor, um dos termos é sempre privilegiado, recebendo um valor positivo, enquanto o outro recebe uma carga negativa. Questionar a identidade e a diferença como relações de poder significa problematizar os binarismos em torno dos quais elas se organizam.

Nos estudos de gênero, a Teoria Queer fundamenta teoricamente como são estabelecidas as relações de diferenciação e poder entre aqueles que destoam das identidades normalizadoras. Os estudos Queer, pautados nas teses de Butler (1999), propõem a identificação dos sujeitos que destoam da heterossexualidade, fruto da organização compulsória social. Assim, a política queer baseia-se na instabilidade das identidades, pensando as relações de gênero e o corpo como processos a-históricos e destituídos do seu conteúdo político. Dessa maneira, colocam-se em evidência novas possibilidades de vivência, reconfigurando as forças maiores e demandando políticas de reconhecimento.

No âmbito esportivo, no qual o corpo e suas performances encontram-se em destaque, as diferenciações entre corpos queers podem ser explicadas pela Teoria da Performatividade. Butler explica que alguns atos corporais quanto à norma de gênero adquirem sua forma por meio de uma série de ações e reiteração contínua, que são renovados, revisados e consolidados com o tempo. A isso Judith Butler dá o nome de "performatividades de gênero".

Antes de nascer, o corpo já está inscrito em um campo discursivo determinado. Ainda quando se é uma "promessa", um devir, há um conjunto de expectativas estruturadas numa complexa rede de suposições sobre comportamentos, gostos e subjetividades que acabam por antecipar o efeito que se supunha causa.

O corpo é um contexto socialmente construído, um arquivo vivo da história do processo de produção-reprodução sexual. Nesse processo, certos códigos naturalizam-se e outros são ofuscados e/ou sistematicamente eliminados, postos à margem do humanamente aceitável. A heterossexualidade não surge espontaneamente em cada corpo recém-nascido. Ela inscreve-se reiteradamente por meio de operações constantes de repetição e de recitação dos códigos socialmente investidos como naturais. Assim, as performatividades de gênero que se articulam fora dessa amarração, como os sujeitos transgêneros, são postas às margens, pois são analisadas como identidades "transformadas" pelo saber médico e frisadas pela diferença.

De acordo com Preciado (2014), o processo de reconstrução do corpo é marcado por conflitos que põem às claras as ideologias de gênero e colocam os/as transexuais em posição de permanente negociação com as normas de gênero. Essas negociações podem reproduzir essas normas, assim como desestabilizá-las ao longo dos processos de reiterações.

Butler apoia-se na tese "citacionalidade" de Derrida (1991) para afirmar que a repetição possibilita a eficácia dos atos performativos que sustentam e reforçam as identidades hegemônicas, assim como as repetições descontextualizadas do "contexto natural" dos sexos, principalmente as que a autora considera "performatividades queer" (BUTLER, 1998, 1999, 2002), possibilitam a emergência de práticas que interrompem a reprodução das normas de gênero.

Nas diferentes maneiras possíveis de repetição, na ruptura ou na repetição subversiva desse estilo é que se encontram as possibilidades para transformar o gênero. A sociedade tenta materializar nos corpos as verdades para os gêneros por meio das reiterações nas instituições sociais – a família, a igreja, a escola, as ciências.

Travestis e transexuais são populações que carregam uma imensa carga de preconceitos sociais, uma vez que não se encaixam nas identidades referências sustentadas pela sociedade vigente, frustrando as expectativas culturais de que a identidade de gênero é um determinismo inexorável da biologia (LANZ, 2017). Por serem considerados sujeitos não binários, que não se identificam como homens ou como mulheres, são considerados transgressores, e essa condição acaba por colocá-los à margem da sociedade.

Será o conceito de performatividade desenvolvido nesse contexto, sobretudo pela teórica Butler (1999), que nos permitirá contornar essa condição. O conceito de performatividade desloca a ênfase na identidade como descrição, como aquilo que é – uma ênfase, de certa forma, mantida pelo conceito de representação –, para a ideia de "tornar-se" – uma concepção da identidade como movimento e transformação.

O reconhecimento (parcial) do nome dos indivíduos transgêneros é a ilustração do contexto político brasileiro quanto às políticas públicas destinadas a essa população. Bento (2014, p. 166), em seu estudo sobre sujeitos transgêneros, apresenta as políticas do nome social e a forma como "as elites econômicas, políticas, raciais, de gênero e sexual se apropriam da estrutura do Estado para frear e impedir a ampliação e a garantia de direitos plenos das populações excluídas". Portanto, embora as identidades dos sujeitos trans sejam reconhecidas legalmente na sociedade, torna-se fundamental a efetivação de outros direitos, como saúde, educação, trabalho, vida digna, livre circulação e não discriminação (ÀDRIAN, 2010).

Dessa maneira, percebe-se como a criação de espaços institucionais por meio de políticas públicas específicas para os/as transgêneros ainda é marcada por um paradoxo de diferença, pois, na medida em que atende uma demanda legítima pelo reconhecimento de uma diferença cultural e historicamente negligenciada, acaba por circunscrevê-la numa espécie de gueto, produzindo, então, o isolamento dessa população.

É possível perceber que a população transgênera encontra-se num momento de melhor consideração da sua identidade por meio do reconhecimento das diferenças. No entanto observa-se que os direitos e os aspectos éticos estão distantes de se equipararem aos dos grupos dominantes, o que reflete uma forma precária de vida (BUTLER, 2018).

Nesse sentido, sendo o esporte um instrumento social de massa que reproduz o binarismo de gênero, do mesmo modo como é feito na sociedade, o atleta transgênero vem passando pelas mesmas dificuldades de se inserir, permanecer e ser reconhecido como uma nova identidade. Ou seja, esse/a atleta encontra obstáculos para se incluir enquanto pessoa trans por falta de políticas públicas que o/a reconheça como sujeito singular no meio esportivo com a sua identidade.

Episódios e posicionamentos importantes no meio esportivo vêm contemplando a entrada do/a atleta transgênero, como o documento do Comitê Olímpico Internacional (COI), lançado em 24 de janeiro de 2016.

Nesse documento (COI, 2015), constam as diretrizes para a participação de pessoas transexuais sem transgenitalização em competições esportivas (*transgender guidelines*), a partir dos Jogos Olímpicos do Rio de Janeiro, em 2016. Homens trans podem participar dos eventos da entidade sem nenhuma restrição e as mulheres devem manter a quantidade de testosterona controlada para competirem em equipes femininas.

Embora o Comitê Olímpico Internacional já tenha se posicionado em relação à presença de atletas trans no esporte, poucas são as políticas esportivas disponíveis em relação à equidade para as pessoas transgêneras no esporte competitivo. Verifica-se uma barreira por parte dos atletas cisgêneros relativas ao medo da vantagem atlética de atletas transgêneros, havendo, portanto, práticas discriminatórias, especialmente para mulheres transgêneras – uma vez que já foram homens e podem deter mais força física.

A inclusão de atletas transgêneros no esporte nos últimos anos tem sido objeto de pauta de jornalistas, cientistas, políticos, ativistas e demais interessados. Por mais polêmica que seja, essa temática deve ser debatida em amplo espectro, principalmente, sob a perspectiva e apoio dos argumentos científicos e interdisciplinares. Entretanto uma das dificuldades que o tema esbarra em relação à ciência é a carência de trabalhos que possam fortalecer qualquer tipo de conclusão no meio esportivo.

Mesmo com as lacunas nas pesquisas, os transgêneros ganharam um espaço importante nos esportes em nível amador e também profissional/olímpico. Como mencionado anteriormente, em novembro de 2015, o Comitê Olímpico Internacional (COI) derrubou barreiras que dificultavam a participação desses/as atletas em competições de grande porte. Foram determinadas novas regras para aceitação de mulheres transgênero no esporte, sendo uma delas a exigência de que os níveis de testosterona sanguínea se mantenham abaixo de 10nmol/L por, no mínimo, um ano, excluindo a necessidade de cirurgia de mudança de sexo. Para transgêneros masculinos, no entanto, não existem impedimentos, uma vez que a mulher que opta pelo sexo masculino não adquire vantagem física.

Assim, a presença dos atletas transgêneros nas arenas desportivas vem se tornando cada vez mais frequente, possuindo uma eficácia simbólica social que faz repensar sobre a representação desse sujeito na sociedade e a construção das novas identidades de gênero. Além disso, o esporte é considerado um instrumento social, fato que permite ampliar a visibilidade desses sujeitos que fogem do padrão heteronormativo.

Porém podemos verificar também que esse/a atleta trans sofre com os reflexos da sua inclusão no esporte por não pertencer às normas de gênero e a regras sociais, ou seja, por não fazer parte do ideal social heteronormativo, sobretudo a atleta transgênero mulher que, historicamente, tem a sua força física questionada nas arenas esportivas.

No caso do sujeito trans, a questão da diferença é marcada no âmbito esportivo pelo binarismo – masculino/feminino – presente nas categorias, reflexo da política de gênero compulsória de organização da sociedade. Nessa esteira, as instituições esportivas pautam suas organizações por meio de separações entre homens e mulheres nas competições, contribuindo para a reafirmação das diferenças biológicas entre os sexos como aquelas que definem os espaços sociais e esportivos.

Entretanto verificamos, ainda, que as identidades de gênero pertencentes ao binarismo, antes tomadas como "verdadeiras", tendem a ser aos poucos tensionadas pelas novas identidades emergentes, tal como a transexual. Assim, percebe-se o sujeito/atleta transitando entre as fronteiras – física, de sexo/gênero, sociais – que desafiam a compreensão dos padrões estabelecidos e postulam a produção de outros e novos sujeitos, fora das normas identitárias instituídas na sociedade e no esporte, que pressionam os modelos vigentes (KESSLER, 2015).

Portanto o/a atleta trans, ao se tornar um sujeito que "destoa" dos demais atletas, torna-se também um sujeito "abjeto" no meio esportivo, uma vez que não corresponde às expectativas sociais do gênero ao qual pertence. Judith Butler (2010) explica tal fato pela questão da performatividade produzida pelas práticas reguladoras de coerência de gênero.

No meio esportivo, torna-se evidente que os corpos dissonantes dos transgêneros vão contra a construção de gênero materializada nos corpos e construída socialmente. Logo, tornam-se corpos e sujeitos abjetos no âmbito do esporte, pois rebatem as normas presentes na sociedade. Apesar de a população transgênera vir se mostrando presente no esporte do Brasil e do mundo, poucos estudos buscam investigar os processos de inclusão desses sujeitos no esporte. Nesse sentido, a escassez de trabalhos configura-se como uma realidade a ser superada.

Diversas pesquisas sobre as identidades transgêneras realizadas no Brasil nas últimas décadas vêm demonstrando um esforço significativo para a compreensão sobre como a transgressão de normas binárias de gênero encaixa-se e é tratada na nossa sociedade. No entanto, conforme afirma Lanz (2017), o transgênero vem sendo estudado de modo fragmentado e bastante despolitizado, muito mais como simples consequência da homossexualidade do que como fenômeno sociológico de desvio das normas de conduta de gênero: transgressão essa que gera o estigma e todo o elenco de sanções negativas a que a pessoa transgênera está submetida na nossa sociedade, como vimos anteriormente neste capítulo.

Como se não bastasse toda a dificuldade de serem vistos/as como novas identidades e formas de existir, o/a atleta transgênero ainda enfrenta as barreiras em relação às adversárias. Exemplo disso foi a carta enviada ao COI pela ex-jogadora de voleibol Ana Paula Henkel. No documento, a ex-jogadora utiliza a seguinte passagem, argumentando que o espaço conquistado pelas mulheres cis está ameaçado pela presença de atletas transgêneras:

> É com respeito, mas com grande preocupação que escrevo às entidades responsáveis pelo esporte sobre a ameaça de total desvirtuação das competições femininas que ocorre atualmente com a aceitação de atletas que nasceram homens, que desenvolveram musculatura, ossos, capacidade pulmonar e cardíaca como homens, em modalidades criadas e formatadas especificamente para mulheres. Se alguém tem que ir à público e pagar um preço em nome da verdade, do bom senso e dos fatos, estou disposta a arcar com as consequências. O espaço conquistado de maneira íntegra por mulheres no esporte está em jogo (HENKEL, 2018, s/p).

Desse modo, é possível perceber as dificuldades encontradas pelo/a atleta transgênero no esporte profissional, podendo não ser diferente no âmbito amador. Logo, a realização de novos debates sobre atletas transgêneros no meio esportivo mostra-se urgente. O Centro Canadense para a Ética no Desporto divulgou recentemente um documento oferecendo orientações às organizações desportivas sobre o desenvolvimento de políticas esportivas competitivas inclusivas para pessoas transgêneros. Um painel de especialistas manteve o ponto de vista de que todos têm o direito de competir de acordo com sua identidade de gênero em termos recreativo e de elite.

O desejo e a reinvindicação de pessoas transgênero em vivenciar o esporte visibiliza não apenas a sua existência, mas, sobretudo, a impossibilidade da manutenção de fronteiras fixas de gênero pautadas por um suposto alinhamento entre sexo, gênero e desejo, matriz essa que dá sustentabilidade às heteronormatividades (LOURO, 2009).

Essa matriz constitui uma prática discursiva que historicamente tem possibilitado a normalização dos corpos, dos gêneros e das sexualidades, designando como abjetos aqueles sujeitos que rompem com essa linearidade. Segundo Butler (2003), a abjeção está intimamente ligada ao fato de não pertencer a lugar nenhum, o que implica a negação da possibilidade de ser, pois, quando o sujeito não se encaixa em nenhum gênero da ordem binária, ele fica "fora do humano, constitui a rigor o domínio desumanizado e do abjeto, em contraposição ao qual o próprio humano se estabelece" (p. 162).

Passados quase 40 anos da reivindicação de Renée Richards, a discussão sobre a pertinência ou não de outra atleta trans competir com mulheres antevê-se com os mesmos argumentos. Em um campo regido pela lógica binária de homens e mulheres, cujas competições são divididas nos moldes "masculinos e femininos", a controversa presença de mulheres e homens transexuais ao mesmo tempo que desestabiliza essa lógica evidencia que o esporte ainda é regido pelo sistema sexo/gênero.

A presença de atletas transgêneros no meio esportivo e em eventos como uma Olimpíada – maior evento esportivo do planeta – pode servir como ferramenta para tematizar a diversidade no contexto social e construir novas representações. No entanto concluímos que ainda são poucas as políticas públicas voltadas para esses atletas, ainda considerados infratores pelos discursos cis e pelas normas sociais dotadas de atributos, valores e estigmas negativos em relação ao atleta trans.

REFERÊNCIAS

ÁDRIAN, Tamara. Un ensayo de determinación de la situación actual del problema a luz del examen del derecho comparado. *In*: ARILHA, M.; LAPA, T. S.; PISANESCH, T. C. (org.). **Transexualidade, travestilidade e direito à saúde**. São Paulo: Oficina Editorial, 2010.

BENTO, Berenice Alves Melo. Nome social para as pessoas trans: cidadania precária e gambiarra legal. **Contemporânea**: Revista Semestral do Departamento e do Programa de Pós-graduação em Sociologia da UFSCar, São Carlos, v. 4, n. 1, p. 165-182, 2014.

BUTLER, Judith. **Problemas de gênero**. Feminismo e subversão de identidade. Tradução de Renato Aguiar. Rio de Janeiro: Civilização Brasileira, 2010.

BUTLER, Judith. **Corpos em aliança e a política das ruas**: notas sobre uma teoria performativa de assembleia. Rio de Janeiro: Civilização Brasileira. 2018.

CAMARGO, Wagner Xavier; KESSLER, Cláudia Samuel. Além do masculino/feminino: gênero, sexualidade, tecnologia e performance no esporte sob perspectiva crítica. **Horizontes Antropológicos** [online], [S. l.], v. 23, p. 191-225, 2017. Disponível em: https://journals.openedition.org/horizontes/1488. Acesso em: 27 ago. 2023.

COMITÊ OLÍMPICO INTERNACIONAL. **Reunião de consenso sobre reatribuição do sexo e hiperandrogenismo**. Disponível em: http://www.olympic.org/Documents/Commissions_PDFfiles/Medical_commission/2015- 11_ioc_consensus_meeting_on_sex_reassignment_and_hyperandrogenism-en.pdf. Acesso em: 20 jan. 2019.

GRESPAN, Carla Lisboa; GOELLNER, Silvana. Fallon Fox: um corpo queer no octógono. **Movimento**, Porto Alegre, v. 20, n. 4, p. 1265-1282, out./dez. 2014.

HENKEL, Ana Paula. Carta aberta ao comitê olímpico internacional. **Estadão**, 2018. Disponível em: https://politica.estadao.com.br/blogs/ana-paula-henkel/carta-aberta-ao-comite-olimpico-internaciona. Acesso em: 20 jan. 2019.

HALL, Stuart. **A identidade cultural na pós-modernidade**. Tradução de Tomaz Tadeu da Silva e Guacira Lopes Louro. Rio de Janeiro: DP&A, 2006.

LANZ, Letícia. **O corpo da roupa**: a pessoa transgênera entre a transgressão e a conformidade com as normas de gênero. Uma introdução aos estudos transgêneros. 2. ed. Curitiba: Movimento Transgente, 2017.

LOURO, Guacira Lopes. **Gênero, sexualidade e educação**: uma perspectiva pós-estruturalista. 10. ed. v. 1. Petrópolis: Vozes, 2008. 179 p.

LOVELOCK, Michael. Call me Caitlyn: making and making over the 'authentic' transgender body in Anglo-American popular culture. **Journal of Genders Studies**, v. 26, n. 6, p. 675-687, 2017.

MÍDIA NINJA. **Primeiro time de homens trans no Brasil ganha respeito nas quadras**. 2018. Disponível em: http://midianinja.org/news/primeiro-time-de-homens-trans-do-pais-reafirma-seu-direito-a- pluralidade/. Acesso em: 20 jan. 2019.

MISKOLCI, Richard. **Teoria queer**: um aprendizado pelas diferenças. Belo Horizonte: Autêntica, 2012.

PRECIADO, Beatriz. **Manifesto contrassexual**: práticas subversivas de identidade sexual. São Paulo: n-1 edições, 2014.

RODRIGUES, Carla. Performance, gênero, linguagem e alteridade: J. Butler leitora de J. Derrida. **Sexualidad, Salud y Sociedad – Revista Latinoamericana** [online], [*S. l.*], n. 10, p. 140-164, abr. 2012. Disponível em: https://www.scielo.br/j/sess/a/MGFkQSZT8LVdcpXNvg3jYtD/?format=pdf&lang=pt. Acesso em: 27 ago. 2023.

SILVA, Tomaz Tadeu. **Documentos de identidade**: uma introdução às teorias do currículo. 3. ed. Belo Horizonte: Autêntica, 2010.

VEJA. **Vôlei**: Tifanny Abreu passa por cirurgia de feminização facial. Disponível em: https://veja.abril.com.br/esporte/volei-tifanny-abreu-passa-por-cirurgia-de-feminizacao-facial/. Acesso em: 20 jan. 2019.

VESPA, Talyta. Sou o 1º trans a participar de um campeonato de fisiculturismo no Brasil. **UOL**, 2018. Disponível em: https://universa.uol.com.br/noticias/redacao/2018/07/05/impus-respeito-diz-primeiro-homem-trans-no-fisiculturismo-brasileiro.htm. Acesso em: 20 jan. 2019.

Parte III

LAZERES E POLÍTICAS

CAPÍTULO 6

LAZER E MARCADORES SOCIAIS DE DIFERENÇA

Dirceu Santos Silva

INTRODUÇÃO

Para iniciarmos a discussão do capítulo é importante definir os conceitos de lazer e de marcadores sociais de diferença. A concepção de lazer mais clássica na literatura científica internacional foi proposta pelo francês Joffre Dumazedier, que define o lazer como um

> [...] conjunto de ocupações às quais o indivíduo pode entregar-se de livre vontade, seja para repousar, seja para divertir-se, recrear-se e entreter-se, ou, ainda para desenvolver sua informação ou formação desinteressada, sua participação social voluntária ou sua livre capacidade criadora após livrar-se ou desembaraçar-se das obrigações profissionais, familiares e sociais (DUMAZEDIER, 1976, p. 34).

A conceituação proposta por Dumazedier foi a que mais influenciou o campo científico do lazer no Brasil, o que compreende os interesses: físico-esportivo (caminhada, corrida, esportes e academia de ginástica ou musculação); artístico (ir a um show ou apresentação de dança), intelectual (leitura e jogos), manual (bordado e pintura) e social (encontrar amigos e ir a uma festa) (DUMAZEDIER, 1976).

O lazer é uma atividade humana fundamental, que só ganhou destaque nas políticas públicas como direito social a partir do artigo 6º da Constituição Federal Brasileira de 1988. No entanto, ele foi contemplado e não garantido como direito social, uma vez que existem diversas barreiras que inibem e dificultam o acesso ao lazer (BRASIL, 1988).

No Brasil, Marcellino (1997) foi um dos pioneiros na discussão do conceito de lazer e destacou a existência de duas dimensões: o tempo (liberado do trabalho) e a atitude (entre o sujeito e a experiência ou satisfação). O autor destacou ainda a existência de barreiras intraclasses (gênero, faixa etária e nível de instrução) e as barreiras interclasses sociais (fator econômico). No presente capítulo, apesar da breve contextualização das concepções clássicas de lazer de Dumazedier e Marcellino, a ênfase do debate será na relação dos marcadores sociais de diferença com o campo do lazer.

De acordo com Brah (2006), os marcadores sociais dizem respeito às hierarquias e às desigualdades no acesso, isto é, são formas de produção social relacionadas ao gênero, à sexualidade, à geração, à classe e à raça/etnia. A diferença é historicamente e socialmente instituída e não é algo inerente ao ser humano. As desigualdades constituem-se mutuamente, de forma articulada, ou inter-relacionadas.

Assim, a reflexão central do texto envolveu duas questões: como os principais marcadores sociais de diferença são discutidos no campo do lazer no Brasil? E quais são os principais avanços na literatura científica sobre a temática dos marcadores sociais de diferença associados ao lazer?

A associação entre o lazer e os marcadores sociais de diferença na produção científica brasileira é escassa e inexiste um corpo teórico denso que discute lazer e gênero, lazer e sexualidade, lazer e geração, lazer e classe, lazer e raça/etnia. Dessa forma, o objetivo do texto é discutir os marcados sociais de diferença no campo do lazer no Brasil a partir da produção científica brasileira.

6.1 LAZER E MARCADORES DE DIFERENÇA: GÊNERO

Os marcadores sociais de diferenças são constituídos e representados segundo os processos econômicos, políticos, culturais, psíquicos e ideológicos de um processo histórico específico de uma determinada sociedade, o que tem contribuído para o debate da identidade e da "interseccionalidade". A identidade está relacionada ao ato de significação das lutas sobre diferenças no que diz respeito ao modo de ser ou identificar-se de um determinado grupo, de forma momentânea ou permanente. O processo de construção da identidade está associado a questões subjetivas, multiplicidade, experiências pessoais e relações sociais construídas. As questões de identidade são marcadas pela constante mudança e por contradições, e as posições de sujeito não são fixas (BRAH, 2006).

Para debater a questão de gênero no campo do lazer é importante contextualizar o processo histórico da produção dos papéis sociais do homem e da mulher. Um dos autores pioneiros na discussão foi o economista americano Thorstein Veblen (1965), com o seu clássico livro *Teoria da classe ociosa*. Com base na economia institucionalista e em uma abordagem evolucionária da economia, ele trouxe as primeiras contribuições sobre o processo de desenvolvimento de classes sociais. Apesar de ser considerado um clássico, o autor apresenta contribuições significativas que podem fomentar a discussão atual sobre os marcadores sociais.

De acordo com Veblen (1965), desde o período primitivo já existia a supremacia masculina e o homem tinha a caça como ocupação central. No período da barbárie, as sociedades estabeleceram uma estrutura que beneficiava ainda mais a supremacia masculina, com a divisão das funções entre homens e mulheres, da propriedade da mulher pelo homem. No primeiro estágio da barbárie, as ocupações masculinas envolviam a guerra, a política, o esporte e o sacerdócio, enquanto nos grupos predatórios as ocupações restringiam-se à luta e à caça. As mulheres, por sua vez, faziam todos os outros trabalhos necessários. No contexto geral, o trabalho masculino requeria força e sagacidade, e o trabalho feminino era mais uniforme, de moldar a matéria.

Com o desenvolvimento industrial, os homens fortes foram mais valorizados devido ao processo de produção, enquanto as mulheres começaram a ocupar o espaço de esposa e teriam que demonstrar a docilidade servil. O serviço doméstico era considerado uma função espiritual e não uma função mecânica. Nas comunidades modernas, que atingiram os níveis mais altos de desenvolvimento industrial do período, o papel da mulher mudou significativamente. As classes mais altas, por exemplo, colocaram as mulheres acima de qualquer imputação de trabalho produtivo e o ideal de beleza feminina começou a ganhar destaque (VEBLEN, 1965).

As mulheres das classes mais baixas foram ligadas aos serviços domésticos e as mulheres das classes mais altas ao ócio, com papel social de esposa. As vestimentas ligadas à mulher também foram determinantes para construção do papel social; a saia, por exemplo, incapacita a mulher que usa de realizar qualquer esforço útil (VEBLEN, 1965).

Dessa forma, pode-se afirmar que as mulheres foram excluídas da política, do governo e das atividades de lazer de forma histórica, conforme discutido por Veblen (1965). Toda essa desigualdade produzida historicamente e socialmente foi questionada pelo movimento feminista, que reivindicou a igualdade de gênero, o que impactou significativamente no mundo do trabalho, sobretudo na luta por direitos civis, políticos e sociais. O protagonismo do movimento feminista ganhou ênfase em maio de 1968, na

França, quando as mulheres buscaram uma mudança radical das estruturas mentais a partir do Movimento de Libertação das Mulheres (ALBSTUR; ARMOGATHE, 1977).

Na Inglaterra, no século XIX, destacou-se a luta pelo voto feminino, com o grupo denominado de "as sufragetes", que tinha como principal manifestação as greves de fome. Um marco histórico do movimento feminista na Inglaterra ocorreu na corrida de cavalo em Derby, quando Emily Davison morreu, após se atirar à frente do cavalo do Rei em 1913. Após o episódio, em 1918, as mulheres conquistaram o direito ao voto (PINTO, 2010).

Se as mulheres protagonizaram a organização de diversas manifestações no campo da política, no campo acadêmico não foi diferente. A produção científica ganhou destaque, em especial a obra *O segundo sexo*, de Simone Beauvoir, que começa o livro afirmando: "Ninguém nasce mulher: torna-se mulher. Nenhum destino biológico, psíquico, econômico define a forma que a fêmea humana assume no seio da sociedade" (BEAUVOIR, 1990, p. 51).

Para Butler (1998), a obra de Beauvoir foi um marco importante para a proposta de separação entre os conceitos de sexo e gênero. A construção de "homens" não é aplicada exclusivamente aos corpos masculinos e o termo "mulheres" não está associado somente aos corpos femininos. Se o sexo é classificado a partir do binarismo homem e mulher, a categoria de gênero não pode ser compreendida a partir do binarismo, já que corresponde a um artifício flutuante.

Brah (2006) analisa as relações entre o "feminismo branco" e o "feminismo negro" na Inglaterra dos anos de 1980, quando foi destacado o surgimento da ideia de identidade no campo da política. A discussão da identidade no campo da política fez com que as mulheres começassem a diferenciar em hierarquias de opressão, o que permitiu a listagem de identificação em diferentes grupos. As desigualdades de gênero, sexualidade e raça estão mutuamente relacionadas entre si.

No Brasil, a história do movimento feminista teve três grandes momentos. O primeiro foi motivado pelas reivindicações por direitos democráticos, como o direito ao voto. Bertha Lutz, ao retornar da França para o Brasil, em 1910, liderou as "sufragetes brasileiras". Em 1927, chegou a levar um abaixo-assinado ao senador Juvenal Larmartine, no entanto, o direito só foi conquistado por lei em 1932.

O segundo momento foi marcado pelo movimento libertário da década de 1960, com destaque para a luta por espaço no trabalho, vida pública e educação. A ideia de decisão sobre a vida e o corpo foi o debate central do período. Por fim, o terceiro momento começou a ser construído ao fim dos anos de 1970, com ênfase na luta de caráter sindical. Os grupos feministas lutaram pelos direitos das mulheres e trataram de diversos temas, como violência, sexualidade, direito ao trabalho, igualdade no casamento, terra, direito à saúde, luta contra o racismo e orientação sexual. Outros marcos do movimento feminista brasileiro foram a criação do Conselho Nacional da Condição da Mulher (CNDM), em 1984, e a garantia dos direitos de todos os cidadãos na Constituição Federal Brasileira de 1988 (PINTO, 2010).

Vale ressaltar que a luta contra a violência às mulheres e contra a discriminação da participação feminina nas atividades políticas, econômicas e culturais continua em processo. No primeiro governo de Luiz Inácio Lula da Silva (governo Lula), foi criada a Secretaria Especial de Políticas para as Mulheres, com status de ministério (PINTO, 2010).

No mesmo governo foi sancionada a Lei Maria da Penha (BRASIL, 2006), que aumentou as punições das agressões contra a mulher ocorridas no âmbito doméstico ou familiar. No governo da presidenta Dilma Rousseff foi promulgada a Lei do Feminicídio (BRASIL, 2015), que garantiu uma série de direitos para as mulheres e classificou os crimes de violência contra a mulher como hediondos, o que diminuiu a tolerância nesses casos. Dessa forma, o movimento feminista e a legislação brasileira têm aumentado o acesso aos direitos das mulheres, o que pode contribuir para diminuir as barreiras de acesso ao lazer como marcador de desigualdade.

As mulheres, que só ocupavam o espaço de "dona de casa" e dos cuidados familiares, passaram a ocupar também o mercado de trabalho. No entanto as duplas jornadas de trabalho dificultam o acesso das mulheres ao lazer, uma vez que em seu tempo livre, elas são responsabilizadas pela maioria das obrigações familiares. Outro demarcador social de diferença é o padrão salarial das mulheres, reduzido em comparação ao homem, o que dificulta o acesso a diferentes formas de lazer, sobretudo nos interesses culturais não oferecidos pelo Estado, como as viagens ou cursos de formação desinteressada com acesso no mercado (ATHAYDE, 2015).

Por fim, podemos afirmar que a superação das desigualdades engendradas pelo recorte de lazer e gênero passa pelo protagonismo e atendimento das reivindicações feministas junto ao Estado.

6.2 LAZER E MARCADORES SOCIAIS DE DIFERENÇA: SEXUALIDADE

A sexualidade é um dispositivo histórico, uma invenção social, construída a partir de múltiplos discursos sobre o sexo, o que engloba as ideologias de instituições, organizações, leis, medidas administrativas, proposições filosóficas ou morais. O domínio do próprio corpo tem um efeito de poder, na ginástica, nos exercícios físicos ou na exaltação do belo corpo (FOUCAULT, 1993). Segundo Louro (2000), a sexualidade não é algo dado biologicamente, exclusiva do campo "natural". Ela envolve rituais, linguagens, fantasias, representações e símbolos construídos a partir da cultura e dos códigos socialmente estabelecidos.

No campo do lazer, considerando somente a categoria sexo, Mayor e Isayama (2017) afirmam que as mulheres e os homens apresentam interesses distintos na escolha do lazer. O interesse físico-esportivo, por exemplo, é uma atividade que tem supremacia masculina: 64% dos homens e apenas 20,6% das mulheres escolhem tais práticas no seu tempo livre na sociedade brasileira. Se problematizarmos o processo histórico de definição de papéis sociais, o homem foi incentivado às práticas de esporte, enquanto a mulher foi proibida por lei, com a recomendação de práticas de "preceitos da elegância", como a dança, o canto, a declamação e o piano.

Essa produção histórica e social da diferença impacta no campo do lazer, já que prevalece a dominação masculina em diferentes ambientes, principalmente no universo e nos estádios de futebol masculino. O ambiente de "virilidade" que legitima a injúria homofóbica tem levado a discussão sobre sexualidade aos meios de comunicação de massa.

O caso mais conhecido e debatido foi o do Richarlyson, ex-jogador de futebol, que foi hostilizado durante a sua carreira por torcedores que especulavam sobre a sua orientação sexual. Em 2017, uma série de bombas foram jogadas no centro de treinamento do Guarani, em Campinas, antes da sua apresentação como novo jogador do clube. Richarlyson conquistou 14 títulos durante a sua carreira, foi convocado pela seleção brasileira, jogador experiente, que poderia contribuir para o clube. Porém, a torcida foi contrária à sua contratação, uma vez que existe uma especulação sobre sua sexualidade, mas o ex-jogador sempre se afirmou heterossexual. As bombas foram jogadas no centro de treinamento e os gritos de homofobia contra o jogador foram alarmantes em um país que lidera os homicídios por motivação de homofobia (DE VICO, 2017).

Segundo levantamento da Associação Internacional de Lésbicas, Gays, Bissexuais, Transgêneros e Intersexuais (Ilga), o Brasil ocupou, em 2016, o primeiro lugar na quantidade de homicídios de LGBTs nas Américas, com cerca de 343 mortes por motivação de homofobia. Os gritos de "bicha" são frequentes nos estádios de futebol, o que comprova a necessidade de discussões e uma legislação ainda mais protetiva para os grupos LGBTs. Em 13 de junho de 2019, o Supremo Tribunal de Justiça do Brasil criminalizou a homofobia (ILGA, 2019).

A homofobia nos estádios de futebol no Brasil não é uma discussão recente. Toledo (1996) expõe que os palavrões homofóbicos e os diversos "apelidos" que as torcidas costumam receber podem ser classificados em quatro tipos: incentivo, autoafirmação, protesto e intimidadores. Os gritos se configuram como uma linguagem violenta, um comportamento de massa frequente nos campos de futebol, com valores, sentimentos e sentidos individuais.

Outro exemplo importante dentro do universo do futebol foi o choro do zagueiro Tiago Silva, durante a partir entre Brasil e Chile, na Copa do Mundo da Fifa de 2014. O choro não foi perdoado pelos meios de comunicação de massa após a derrota do Brasil, uma vez que existe um padrão de masculinidade, que não aceita o choro dos homens em sociedade machista, ainda mais de um capitão da seleção de futebol masculina. A conduta não foi aceitável, já que o choro é imputado às meninas e às mulheres na cultura brasileira, e os homens devem aprender a suprimi-lo. Para os homens, o choro representa uma "perigosa" aproximação das expressões de feminidade (SOARES et al., 2016).

Assim, a sexualidade também é um marcador social de diferença importante, que inibe o lazer dos LGBTs, sobretudo com o medo de violência física, psicológica e simbólica. A busca da inferiorização do comportamento feminino e a produção de desigualdade relacionada à sexualidade têm sido constantes nos espaços de lazer, acima de tudo nos ambientes instituídos com ambientes masculinos historicamente, como os esportivos, em especial estádios de futebol.

6.3 LAZER E MARCADORES SOCIAIS DE DIFERENÇA: GERAÇÃO

Outro marcador social de diferença importante é a questão da geração, relacionada ao fracionamento das faixas etárias em: infância, juventude, maturidade e velhice (BRAH, 2006). O conceito geração está relacionado a um tipo de situação social, que envolve experiências sociais e transmissão de dimensões simbólicas e culturais. O quadro de análise da categoria geracional inclui a idade, a situação de classe, experiências comuns, relação com outras gerações, conjuntura histórica e relações de parentesco (TOMIZAKI, 2010).

A Constituição Federal Brasileira de 1988 contempla o lazer como direito social. O Estado seria obrigado a garanti-lo de forma intergeracional. Contudo, as ações políticas no campo do lazer não consideram o marcador social de diferença geração, já que existe uma focalização de programas e projetos de lazer nos jovens e adultos. Vale ressaltar que o Estatuto da Criança e Adolescente (ECA), em seu artigo 16, estabelece o direito a "brincar, praticar esportes e divertir-se", e em seu art. 59, contempla que "os municípios, com apoio dos estados e da União, estimularão e facilitarão a destinação de recursos e espaços para programações culturais, esportivas e de lazer voltadas para a infância e a juventude" (BRASIL, 1990).

De acordo com Silva et al. (2015) sobre a gestão das políticas do Ministério do Esporte, as ações políticas de lazer no Brasil são focadas em jovens. O foco de ações políticas apenas em jovens é criticado pela literatura científica, uma vez que o Estado compreende esse grupo como um "risco social" e a justificativa é manter os jovens ocupados para não terem tempo de praticar a criminalidade. Ou seja, é o uso do lazer de uma forma funcionalista, como remediador de todos os problemas sociais.

No que diz respeito aos idosos, o Programa Esporte e Lazer da Cidade (Pelc), criado em 2003, com o objetivo de promover o lazer para todos os cidadãos, criou o Núcleo Vida Saudável, específico para pessoas acima de 45 anos, o que contempla as pessoas em processo de envelhecimento. A criação do programa busca superar a desigualdade de acesso ao lazer das pessoas idosas, com ênfase na intergeracionalidade e no oferecimento de atividades para esse público historicamente excluído das políticas públicas. Posteriormente, o núcleo foi transformado em uma ação política independente do Pelc, o Programa Vida Saudável, com dotação de recursos, edital próprio e diretriz específica.

A criação de programas sociais para pessoas idosas pode ser justificada pela legislação vigente, sobretudo o Estatuto do Idoso, sancionado em 2003, que garante em seu Art. 20 que "[...] o idoso tem direito a educação, cultura, esporte, lazer, diversões, espetáculos, produtos e serviços que respeitem sua peculiar condição de idade [...]", e em seu Art. 23:

> A participação dos idosos em atividades culturais e de lazer será proporcionada mediante descontos de pelo menos 50% (cinquenta por cento) nos ingressos para eventos artísticos, culturais, esportivos e de lazer, bem como o acesso preferencial aos respectivos locais (BRASIL, 2003, s/p).

Ao beneficiar os idosos com 50% de desconto, a legislação aumenta a possibilidade da prática de lazer a um público historicamente excluído pelas políticas públicas no Brasil. De acordo com Marcellino (1997), as barreiras de acesso ao lazer perpassam o aspecto da idade, e crianças e idosos continuam como gerações com maior dificuldade em acessar o lazer.

Entretanto, ainda há uma lacuna e recomenda-se a discussão da intergeracionalidade nas políticas públicas, com ênfase na prevenção de preconceito etário de uma geração sobre a outra, principalmente pela diferença no estilo de vida.

6.4 LAZER E MARCADORES SOCIAIS DE DIFERENÇA: CLASSE

O marcador social de diferença de classe forma-se a partir da distribuição desigual de renda, do excedente de riqueza e da produção da sociedade. A produção de uma quantidade de alimentos superior às necessidades proporcionou o privilégio de deixar uma classe sem trabalhar, que vive do trabalho excedente de uma classe trabalhadora (VEBLEN, 1965; BRAH, 2006).

A divisão de classes surgiu no período feudal, quando a sociedade estabeleceu diferenças significativas na economia e na ocupação dos seus membros. As classes mais altas não ocupavam trabalhos industriais e de subsistência e se limitavam às atividades governamentais, guerreiras, religiosas e esportivas. O aparecimento de uma classe superior ociosa coincide com o início da propriedade (VEBLEN, 1965).

As classes inferiores adquirem bens por meio do trabalho produtivo e o fato de trabalharem não parece ser vergonhoso. No entanto, para as classes superiores, o trabalho era uma marca de inferioridade, sendo considerado indigno. Inicialmente, o lazer foi criado pelas classes superiores e após a luta da classe trabalhadora foi conquistado como direito. Na Antiguidade, por exemplo, os filósofos gregos e os homens poderosos não ocupavam os processos ligados à necessidade da vida humana. O ócio significava o tempo gasto em atividade não produtiva (VEBLEN, 1965). O poder econômico de uma classe sobre a outra reduz as possibilidades de ascensão social e de equiparação de acesso aos direitos como o lazer, uma vez que concentra a riqueza ao invés de distribuir.

Na ausência da garantia do acesso ao lazer por parte do Estado, a população, que tem poder aquisitivo para isso, é obrigada a comprar o direito como serviço no mercado. Os interesses físico-esportivos nem sempre são acessíveis para a população, uma vez que equipamentos esportivos, como os do tênis, não podem ser adquiridos por todas as pessoas.

De forma semelhante, se o Estado não oferece uma biblioteca com livros, cinema, apresentações artísticas, a população ou não tem acesso ou acaba comprando o lazer como serviço no mercado, o que viola a garantia do lazer como direito social na Constituição Federal Brasileira de 1998.

As diferenças de acesso ao lazer são distintas entre as classes no Brasil, sobretudo por sermos um dos países mais desiguais do mundo. De acordo com o Human Development Indices and Indicators (HDII) ou Relatório de Desenvolvimento Humano, elaborado pelas Nações Unidas, o Brasil é o décimo país mais desigual do mundo. O levantamento realizado em 2018 considera o chamado Coeficiente de Gini, uma forma de calcular a disparidade de renda, em um número entre 0 e 1, em que 0 representa a completa igualdade e 1 corresponde à completa desigualdade (HDII, 2018).

Segundo Pedrão e Uvinha (2017), o conceito de classe social é complexo. Os brasileiros das classes mais baixas, com menores níveis de escolaridade, apresentam maior porcentagem de acesso às atividades com caráter social e físico-esportivo, enquanto os brasileiros das classes mais altas e com níveis elevados de escolaridade ampliam o acesso às atividades de caráter artístico, turístico e intelectual. Essa disparidade apresenta o caráter mútuo de desigualdades sociais de acessos aos direitos ao lazer e à educação, já que o nível de escolaridade é um indicador para ampliar as opções de prática de lazer. Por fim, o desafio central do estado é garantir o direito ao lazer a todas as classes.

6.5 LAZER E MARCADORES SOCIAIS DE DIFERENÇA: RAÇA/ETNIA

O processo de escravidão foi o ponto central para o marcador social de raça/etnia. No entanto, a utilização do conceito raça não é consenso na literatura acadêmica, já que seu significado está relacionado à composição genética de cada indivíduo, o que pode incluir características biológicas, como tipo de cabelo, formato dos olhos e boca e cor da pele, mas não foi comprovada cientificamente. Etnia, apesar de se referir a um determinado grupo, com propriedades culturais e sociais transmitidas de geração para geração, está sendo pareada ao termo raça nesse debate (MCLEAN; HURD; ROGERS, 2005).

Dessa forma, as categorias raça e etnia serão tratadas aqui como inter-relacionadas. A opressão de raça existiu em diferentes países e contextos, com o objetivo de sufocar costumes, bem como a língua, a religião, a cultura e a história. No Brasil, o contexto de opressão de raça foi marcado pela exploração econômica de uma classe sobre a outra. Na década de 1950, com a divulgação da obra de Gilberto Freyre, disseminou-se no país a concepção de uma democracia racial que reinventava a quimera de que no Brasil haveria uma boa convivência e paz social (JACCOUD, 2008; ATHAYDE, 2013).

As mudanças na sociedade brasileira, sobretudo nos campos econômicos, educacionais e culturais, provocaram o debate sobre a igualdade racial. Porém, a redução das desigualdades não acompanhou o desenvolvimento econômico, já que os negros não conseguiam ocupar as posições sociais mais altas. Dessa forma, a noção de democracia racial foi devidamente criticada e refutada por pesquisas que mostraram a perpetuação da desigualdade social e da discriminação no Brasil (JACCOUD, 2008).

As análises sobre a desigualdade racial evidenciam mudanças na sociedade brasileira, contudo não permitem a visualização de alterações no que diz respeito à mobilidade social dos negros. Se examinarmos os dados da desigualdade social entre as décadas de 1940 a 1990, não é possível identificar uma variação significativa na posição de brancos e negros na hierarquia social em razão do processo de crescimento, desenvolvimento e modernização econômica. As conquistas recentes alcançadas pelos movimentos sociais ligados à questão racial não confirmam uma mudança no cenário de desigualdades raciais no país (JACCOUD, 2008).

A partir da ausência de igualdade racial, o governo Lula destacou-se na criação de políticas públicas para os negros e criou a Secretaria Especial de Políticas de Promoção da Igualdade Racial (Seppir), em 2003, com o objetivo de promover a igualdade racial, colocando na agenda política a proposta de cotas de acesso ao ensino superior público para estudantes de escolas públicas e cotas raciais.

As discussões realizadas pela Seppir contribuíram para a criação do Estatuto da Igualdade Racial, a partir da Lei n.º 12.288, de 20 de julho de 2010 (BRASIL, 2010). Outro marco foi a sanção da Lei n.º 12.711, de 29 de agosto de 2012, que garantiu a reserva de 50% das matrículas por curso e turno nas universidades federais e institutos federais do Brasil para estudantes da rede pública de ensino. Como consequência de tal legislação, em 2012, o Supremo Tribunal Federal (STF) analisou a questão das cotas raciais e assegurou constitucionalidade da reserva de 20% de vagas nas universidades para negros (BRASIL, 2012).

Como forma de ampliar o acesso ao emprego dos negros, o governo Dilma aprovou a Lei n.º 12.990, de 9 de junho de 2014, que garantiu a reserva de 20% das vagas oferecidas nos concursos públicos (BRASIL, 2014). Todo esse processo de criação de uma legislação é fruto de uma pressão da sociedade civil desde a década de 1980, o que gerou uma discussão intensa sobre a temática no Brasil. O objetivo central de criar uma legislação foi diminuir os obstáculos criados pelo marcador social de diferença raça, que inibe e cria barreiras para o negro ter acesso a educação, emprego e, consequentemente, práticas de lazer. Entretanto, no campo do lazer, Goellner, Votre, Mourão e Figueira (2009) afirmavam que a maioria dos desistentes da participação das políticas públicas de lazer e esportes eram pessoas negras e mulheres e que o sentimento de inadequação ainda era um motivo, junto da falta de tempo pelas ocupações menos remuneradas. Por isso, produziram material didático para os professores dos programas do Ministério do Esporte da época melhorarem sua inclusão e permanência.

Mas as políticas de inclusão foram arrasadas pelo governo presidencial subsequente com a extinção do referido ministério e dos Programas Segundo Tempo e Programa Esporte e Lazer na Cidade e agora estão sendo retomados com a restituição do Ministério do Esporte e sua primeira ministra mulher, Ana Moser, e os novos ministérios do terceiro governo Lula: Igualdade Racial, Povos Originários e Direitos Humanos. Tal conjuntura e a instabilidade da permanência da ministra ensejam análise futura.

CONSIDERAÇÕES FINAIS

As discriminações baseadas em gênero, sexualidade, geração, classe e raça/etnia estão presentes na vida social brasileira, e demandam uma abordagem crítica para tratar da complexidade da temática e diminuir as disparidades sociais. As desigualdades no Brasil são um enorme desafio para o setor público.

Para que o lazer seja efetivado como direito social pelo Estado é necessário criar um sistema nacional de lazer de atendimento universal, com o objetivo de superar os marcadores sociais de diferença no acesso ao lazer, relacionados a gênero, sexualidade, geração, escolaridade, classe e raça/etnia, entre outros, incluídos na teoria mais recentemente, como deficiências. Essas diferenças não podem permanecer como critério de exclusões social e política.

REFERÊNCIAS

ALBISTUR, M. & ARMOGATHE, D. **Histoire du féminisme français**: du moyen âge à nos jours. Paris: Des Femmes, 1977.

ILGA. **Associação Internacional de Lésbicas, Gays, Bissexuais, Transgêneros e Intersexuais**. 2019. Disponível em: https://www.ilga-lac.org/notices/criminalizacion-de-la-homofobia-y-transfobia-en- brasil-protestas-en-puerto--rico-por-homofobia-estatal-naciones-unidas-renueva-le-experte-osig-y- mas/. Acesso em: 25 ago. 2019.

ATHAYDE, P. F. A. O direito ao lazer e as novas expressões da "questão social" frente à (Ir)realidade brasileira. **Licere**, Centro de Estudos de Lazer e Recreação [online], [S. l.], v. 16, p. 1-31, 2013. Disponível em: https://periodicos.ufmg.br/index.php/licere/article/view/651. Acesso em: 2 nov. 2023.

BEAUVOIR, S. **O segundo sexo**. Fatos e mitos. Rio de Janeiro: Nova Fronteira, 1990.

BUTLER, J. Sex and gender in Simone de Beauvoir's second sex. *In*: FALLAIZE, E. **Simone de Beauvoir**: a critical reader. London; New York: [s. n.], 1998. p. 31.

BRASIL. **Lei n.º 8.069, de 13 de julho de 1990**. Dispõe sobre o Estatuto da Criança e do Adolescente e dá outras providências. Brasília: Presidência da República, 1990.

BRASIL. **Lei n.º 10.741, de 1º de outubro de 2003**. Dispõe sobre o Estatuto do Idoso e dá outras providências. Brasília: Presidência da República, 2003.

BRASIL. **Lei n.º 11.340 de 7 de agosto de 2006**. Cria mecanismos para coibir a violência doméstica e familiar contra a mulher. Brasília: Presidência da República, 2006.

BRASIL. **Lei n.º 12.288, de 20 de julho de 2010**. Institui o Estatuto da Igualdade Racial; altera as Leis n.ᵒˢ 7.716, de 5 de janeiro de 1989; 9.029, de 13 de abril de

1995; 7.347, de 24 de julho de 1985; e 10.778, de 24 de novembro de 2003. Brasília: Presidência da República, 2010.

BRASIL. **Lei n.º 12.711, de 29 de agosto de 2012**. Dispõe sobre o ingresso nas universidades federais e nas instituições federais de ensino técnico de nível médio e dá outras providências. Brasília: Presidência da República, 2012.

BRASIL. **Lei n.º 12.990, de 9 de junho de 2014**. Reserva aos negros 20% (vinte por cento) das vagas oferecidas nos concursos públicos para provimento de cargos efetivos e empregos públicos no âmbito da administração pública federal, das autarquias, das fundações públicas, das empresas públicas e das sociedades de economia mista controladas pela União. Brasília: Presidência da República, 2014.

BRASIL. **Lei n.º 13.104, de 9 de março de 2015**. Prevê o feminicídio como circunstância qualificadora do delito de homicídio. Brasília: Presidência da República, 2015.

BRAH, A. Diferença, diversidade, diferenciação. **Cadernos Pagu**, Campinas, n. 26, p. 329-376, jan./jun. 2006.

DE VICO, M. Caso Richarlyson: futebol é tão preconceituoso que nem reconhece homofobia. **Uol**, futebol. 2017. Disponível em: https://esporte.uol.com.br/futebol/ultimas-noticias/2017/05/11/caso-richarlyson-futebol-e-tao-homofobico-que-nem-reconhece-sua-homofobia.htm. Acesso em: 1 dez. 2022.

DUMAZEDIER, J. **Lazer e cultura popular**. São Paulo: Perspectiva, 1973.

FOUCAULT, M. **Microfísica do poder**. 11. ed. Rio de Janeiro: Graal, 1993.

GOELLNER, S; VOTRE, S; MOURÃO; L; FIGUEIRA, M. **Gênero e raça**: inclusão no esporte e lazer. Ministério do Esporte, 2009.

HDII. **Human development indices and indicators**: statistical update. New York: United Nations Development Programme, 2019.

JACCOUD, L. Racismo e república: o debate sobre o branqueamento e a discriminação racial no Brasil. *In*: THEODORO, M. (org.). **As políticas públicas e a desigualdade racial no Brasil 120 anos após a abolição**. Brasília: Ipea, 2008. 176 p.

LOURO, G. L. **O corpo educado**: pedagogias da sexualidade. 2. ed. Tradução de Tomaz Tadeu da Silva. Belo Horizonte: Autêntica, 2000.

MAYOR, S. T. S.; ISAYAMA, H. F. O lazer do brasileiro: sexo, estado civil e escolaridade. *In*: STOPPA, Edmur Antonio; ISAYAMA, Hélder Ferreira (org.). **Lazer no**

Brasil: representações e concretizações das vivências cotidianas. 1. ed. Campinas: Autores Associados, 2017. v. 1, p. 19-36.

MARCELLINO, N. C. **Estudos do lazer**: uma introdução. 3. ed. Campinas: Autores Associados, 1997.

McLEAN, D. D.; HURD, A. R.; ROGERS, N. B. Race and ethnicity factors influencing leisure. *In*: McLEAN, D. D.; HURD, A. R.; ROGERS, N. B. **Kraus' recreation and leisure in modern society**. 7. ed. Sudbury, USA: Jones and Bartlett Publishers, 2005. p. 157-163.

PEDRÃO, C. C.; UVINHA, R. R. O lazer do brasileiro: discussão dos dados coletados em escolaridade, renda, classes sociais e cor/raça. *In*: STOPPA, Edmur Antonio; ISAYAMA, Hélder Ferreira (org.). **Lazer no Brasil**: representações e concretizações das vivências cotidianas. 1. ed. Campinas: Autores Associados, 2017. v. 1, p. 19-36.

PINTO, C. R. J. Feminismo, história e poder. **Rev. Sociol. Polit.**, Curitiba, v. 18, n. 36, p. 15- 23, jun. 2010.

SOARES, J. P. F.; MOURAO, L.; MONTEIRO, I.; SANTOS, D. S. O choro do capitão: notas sobre performatividades de gênero e masculinidades no futebol profissional. **Revista Movimento**, Porto Alegre, v. 22, p. 1149, 2016.

TOLEDO, L. H. **Torcidas organizadas de futebol**. Campinas: Autores Associados; Anpocs, 1996.

TOMIZAKI, K. Transmitir e herdar: o estudo dos fenômenos educativos em uma perspectiva intergeracional. **Educação & Sociedade**, Campinas, v. 31, n. 111, p. 327-346, 2010.

VEBLEN, T. B. **A teoria da classe ociosa**: um estudo econômico das instituições. São Paulo: Pioneira, 1965. (1. ed. 1899).

CAPÍTULO 7

AS DISPUTAS EM TORNO DO DIREITO AO ESPORTE NO BRASIL: OS DESDOBRAMENTOS NA CARTA MAGNA DE 1988 E EM LEGISLAÇÕES INFRACONSTITUCIONAIS

Rebeca Signorelli Miguel
Bruno Modesto Silvestre

INTRODUÇÃO

Na década de 1980, após intensas lutas sociais, o Brasil passou pelo processo de redemocratização e viu ser encerrados os 21 anos da ditadura militar, iniciada em abril de 1964, a partir de um golpe civil-militar. A Assembleia Nacional Constituinte (ANC),[3] que daria origem à Constituição de 1988, é considerada o marco desse processo. Conquanto, palco de diversos conflitos, os desdobramentos políticos da ANC fizeram transparecer os elementos de disputas em torno de diferentes projetos de sociedade.

Para Fernandes (1989), as constituições dos Estados nacionais modernos representam a sistematização de um projeto político e traduzem ideológica e socialmente a forma como as classes dominantes pretendem organizar a sociedade civil e o Estado. Tal organização não ocorre de forma aleatória, mas como resultado do modo de produção econômica e dos interesses dos estratos sociais dominantes no determinado momento histórico.

No caso brasileiro, a despeito das conquistas sociais expressas no texto constitucional, a hegemonia das classes burguesas, em consonância com o conservadorismo ilustrado, segundo Fernandes (1989), abalou a ANC e entrevou os trabalhos de diversas comissões e subcomissões. Com o campo esportivo não foi diferente.

Para Castellani Filho (1985), a política de esporte da "Nova República" compunha a estratégia da classe governante para mediar as relações sociais na área esportiva. Como parte desse processo, a presença do esporte na

---

[3] A Assembleia Nacional Constituinte foi instaurada no dia 1º de fevereiro de 1987 e encerrada no dia 22 de julho de 1988.

Constituição de 1988 comportou a criação da Comissão de Reformulação do Desporto Nacional[4] (CRDN), um braço do Conselho Nacional de Desportos (CND), criado em 1985, responsável pela constitucionalização do esporte (CANAN; STAREPRAVO; SOUZA, 2017).

Tal comissão, criada para tratar da constitucionalidade e elaborar o texto sobre o esporte, abarcou como membros, prioritariamente, os agentes políticos ligados à estrutura administrativa do Estado brasileiro, à época, e não contou com participação popular, tampouco de grupos progressistas vinculados à área esportiva (LINHALES, 1996; ARAÚJO *et al.*, 2017).

O resultado da organização e dos debates originados da CRDN materializou-se na diferenciação do conceito de esporte em três manifestações: performance, participação e educação (BRACHT, 2005; VERONEZ, 2005). Essa formulação foi incorporada na forma como o esporte figura na Constituição Brasileira de 1988, no Título VIII, denominado "Da Ordem Social". Nesse título, em seu Capítulo III "Da Educação, da Cultura e do Desporto" e na Seção III "Do Desporto", em seu único artigo, o 217, há a seguinte normatização:

> Art. 217. É dever do Estado fomentar práticas desportivas formais e não-formais, como direito de cada um, observados:
> I - a autonomia das entidades desportivas dirigentes e associações, quanto a sua organização e funcionamento;
> II - a destinação de recursos públicos para a promoção prioritária do desporto educacional e, em casos específicos, para a do desporto de alto rendimento;
> III - o tratamento diferenciado para o desporto profissional e o não- profissional;
> IV - a proteção e o incentivo às manifestações desportivas de criação nacional.
> § 1º O Poder Judiciário só admitirá ações relativas à disciplina e às competições desportivas após esgotarem-se as instâncias da justiça desportiva, regulada em lei.
> § 2º A justiça desportiva terá o prazo máximo de sessenta dias, contados da instauração do processo, para proferir decisão final.
> § 3º O Poder Público incentivará o lazer, como forma de promoção social. (BRASIL, 1988, s/p).

---

[4] A nomenclatura desporto aparece no texto constitucional por influência portuguesa, assim como nos textos anteriores que tratam o esporte juridicamente – quando na criação do CND já era denominado desporto, legalmente. Castellani Filho (1998) expõe uma discussão entre João Lyra Filho (mentor do decreto-lei que cria o CND em 1941) e Antenor Nascentes (estudioso da Língua Portuguesa), na qual esse assunto é tratado. O primeiro opta pelo termo português e legalista, enquanto o segundo faz a opção pelo aportuguesamento da palavra, que, segundo ele, já era consolidado entre o povo brasileiro, com suficiência de quebrarmos nossos ranços com o país colonizador.

As formulações da CRDN e a redação proposta no art. 217 da Constituição de 1988 também determinaram a forma como as legislações infraconstitucionais passaram a versar sobre a normatização esportiva. Nesse sentido, as chamadas Leis Gerais do Esporte, que receberam os nomes de Lei Zico, Lei Pelé e Lei Agnelo-Piva, seguiram a mesma trajetória. Atualmente, a Lei n.º 9.615 (BRASIL, 1998) compreende o esporte em torno de quatro manifestações: (I) desporto educacional; (II) desporto de participação; (III) desporto de rendimento e (IV) desporto de formação.[5]

Veronez (2005) pontua que as medidas pensadas na CNRD foram, por um lado, implementadas visando à modernização do esporte no Brasil, entretanto, por outro lado, mantiveram as práticas herdadas do regime militar. Ademais, a despeito do texto constitucional explicitar, no inciso II do art. 2017 (BRASIL, 1988), que a destinação de recursos públicos deve se dar prioritariamente para o desporto educacional e, em casos específicos, para o desporto rendimento, Veronez (2005) destaca que tanto no período anterior como após a promulgação da Constituição de 1988, a maior parte de recursos públicos concentrava-se na dimensão do desporto de rendimento.

Assim, a partir de tal percurso, em que se localiza o esporte em seus aspectos normativos, este capítulo busca identificar e discutir os desdobramentos do direito ao esporte na letra constitucional e em legislações infraconstitucionais brasileiras, especificamente nas chamadas Leis Gerais do Esporte.

Para tal, está organizado, após o delineamento do estudo, em duas seções. A primeira delas trata do ordenamento jurídico do esporte, presente na Constituição de 1988. Nela, há um esforço em compreender a maneira pela qual o esporte é tratado em seu artigo específico, o 217, e nas Leis Gerais do Esporte, que alteram ou especificam a letra constitucional. A segunda seção, a partir da análise do ordenamento jurídico, traça uma reflexão sobre as lacunas existentes na Constituição, principalmente aquelas que dizem respeito à efetivação do direito ao esporte. Da mesma forma, discorre sobre os excertos de legislações que versam sobre os investimentos destinados à garantia de tal direito, da relação com entes privados e da suposta interseção com a Educação Física escolar.

7.1 DELINEAMENTO DO ESTUDO

Para alcançar o objetivo explicitado foram realizadas pesquisas bibliográficas e análises de documentos. Segundo Marconi e Lakatos (1985), a pesquisa documental é aquela que busca fontes exclusivamente

---

[5] O desporto participação foi incluído pela Lei n.º 13.155 de 2015 (BRASIL, 2015).

em documentos, neste caso, sendo utilizadas fontes primárias escritas, como publicações parlamentares, administrativas, arquivos públicos, a própria Constituição Federal e outras políticas públicas divulgadas pelo Estado.

No caso deste estudo, as legislações pertinentes foram mapeadas por meio do Portal da Legislação e por pesquisas no Diário Oficial da União (DOU). A pesquisa documental esteve centrada, sobretudo, nas legislações denominadas de "Leis Gerais do esporte",[6] Lei Zico (8.672, de 1993); Lei Pelé (9.615, de 1998); Lei Agnelo/Piva (10.264, de 2001) e sobre as suas alterações.

As alterações na letra da lei podem ser realizadas por atividades legislativas, decretos e medidas provisórias, que alteram partes da lei principal. Tais alterações são igualmente importantes de serem analisadas, já que demonstram o caminho legalmente traçado pela lei principal. Nesse sentido, são expostos, no Quadro 1, os caminhos da análise documental, assim como o compilado das leis analisadas. Na primeira coluna há as "Leis Gerais" do esporte brasileiro e, em seguida, são apresentadas as legislações que, de uma forma ou de outra, alteram a legislação principal.

Quadro 1 – "Leis Gerais" do esporte e alterações

"Leis Gerais" do esporte	Leis que alteram as "Leis Gerais"
Lei Zico – Lei n.º 8.672/1993	Lei n.º 8.879/94
	Lei n.º 8.946/94
	MPV n.º 1.549-35/97
	Lei n.º 9.532/97
Lei Pelé – Lei n.º 9.615/1998	Lei n.º 9.981/2000
	Lei n.º 10.264/2001
	Lei n.º 10.672/2003
	Lei n.º 12.346/2010
	Lei n.º 12.395/2011

[6] Essa Lei é apresentada dessa maneira na tabela, pois se trata de uma legislação que altera a Lei Pelé, mas sem substituí-la. Porém é considerada uma "lei geral" do esporte no Brasil, demarcando um novo momento na legislação sobre esporte no país.

"Leis Gerais" do esporte	Leis que alteram as "Leis Gerais"
	Lei n.º 12.868/2013
	Lei n.º 13.155/2015
	Lei n.º 13.322/2016
	Lei n.º 13.756/2018
Lei Agnelo/Piva – Lei n.º 10.264/2001	

Fonte: os autores

A análise dos dados foi realizada por meio da abordagem zetética da interpretação jurídica. Tal perspectiva (que se opõe à teoria dogmática) abarca conhecimentos teóricos de outras áreas, na busca por inquirir e investigar o problema de pesquisa (ASSIS, 2012). Além disso, a investigação zetética caracteriza-se pela abertura constante e para o questionamento dos objetos analisados em todas as direções (questões infinitas) (FERRAZ JÚNIOR, 2003).

Tendo em vista o histórico da legislação esportiva no Brasil, também foi considerada a perspectiva da dependência de trajetória. Autores como Pierson (2015) argumentam que essa perspectiva é utilizada pela vertente do institucionalismo histórico para analisar as sequências e os padrões de tempo sustentados em determinadas políticas e traz importantes contribuições para o campo de estudos das políticas públicas. De modo geral, pode-se dizer que uma vez iniciado um trajeto político por um país, região ou mesmo determinada instituição, os custos de reversão são muito elevados. Apesar de haver opções, determinados obstáculos obstruem um simples processo de reversão da escolha inicial, ou seja, é possível observar uma tendência de trajetória na política a partir de seus arranjos iniciais.

7.2 O ORDENAMENTO JURÍDICO DO ESPORTE INSTITUCIONALIZADO PELA CONSTITUIÇÃO DE 1988 E REITERADO NAS LEIS GERAIS DO ESPORTE

Em seu preâmbulo, a Constituição de 1988 assume "assegurar o exercício dos direitos sociais e individuais". Os direitos sociais são esclarecidos e enumerados no texto constitucional.[7] Os direitos individuais também o

---

[7] Art. 6º São direitos sociais a educação, a saúde, a alimentação, o trabalho, a moradia, o transporte, o lazer, a segurança, a previdência social, a proteção à maternidade e à infância, a assistência aos desamparados, na forma desta Constituição.

são.[8] Assim, interpretativamente, o esporte não assume o caráter de direito individual e tampouco de direito social. Todavia trata-se de um fenômeno institucionalizado na sociedade moderna e que alcança status de grande importância, considerado uma parte indissociável da vida social.

A literatura do campo acadêmico vinculado à Educação Física compreende o direito ao esporte enquanto um direito social. Tal compreensão decorre da interpretação política e jurídica do texto constitucional, que possibilita a compreensão, para além das palavras *ipsis litteris*, da construção histórica, e a inserção do esporte na realidade social, econômica e política da sociedade brasileira.

Na Constituição, o esporte está fundamentado como direito de cada um[9] e dever do Estado, o que sugere uma totalidade em sua garantia (legal) como direito, aproximando-se em relação a outros direitos que nela são denominados de "direitos sociais".

Ademais, o direito ao esporte está inserido no título "Da Ordem Social", apontando para uma suposta necessidade do esporte não apenas no âmbito individual, garantidor dos direitos de cidadania, mas afirmando seu papel na sociedade. O esporte, enquanto uma instituição social, é parte integral da tessitura e da organização da sociedade e assume diferentes funções sociais a depender do momento histórico.

O fenômeno do esporte e suas legitimações já tenderam ao militarismo, ao controle do corpo dos trabalhadores, ao higienismo e aos ditames do esporte que, acima de tudo, educa, entre outras demandas. "Expressões como: disciplina, moral, higiene, saúde, obediência, docilização do corpo, combate às drogas e ao racismo, estão, direta ou indiretamente, ligadas ao esporte até hoje" (SIGNORELLI MIGUEL; PRODÓCIMO, 2019, p. 149). Essa análise do esporte na sociedade permite a compreensão da "ordem social" como local normativo/título do direito ao esporte no texto constitucional.

Athayde (2014) entende o esporte como uma necessidade intermediária que, quando efetivada, contribui com a garantia de direitos de cidadania. Segundo Canan, Starepravo e Souza (2017, p. 1112), a partir do momento em que o esporte está inserido no título "Da Ordem Social", o Estado deve assumir o seguinte papel: "fomentá-lo para além do sentido de destinação

---

[8] Art. 5º Todos são iguais perante a lei, sem distinção de qualquer natureza, garantindo-se aos brasileiros e aos estrangeiros residentes no País a inviolabilidade do direito à vida, à liberdade, à igualdade, à segurança e à propriedade.

[9] Conforme texto constitucional apresentado na página 2.

de recursos, considerando suas relações com os direitos sociais à educação, saúde e, sobretudo, lazer, o compreendendo como principal meio de satisfação material deste".

A despeito das diferentes interpretações que surgiram ou possam surgir em relação ao direito ao esporte, baseadas, sobretudo, em sua vaga delimitação constitucional, é fato que a menção enquanto "direito de cada um" no art. 217 da Constituição de 1988, requereu e influenciou as legislações infraconstitucionais subsequentes.

A Lei Zico (n.º 8.672/1993), a primeira legislação a tratar especificamente do esporte após a promulgação da Constituição de 1998, substituiu a Lei n.º 6.251/1975, que ainda permanecia em vigor. Para Veronez (2005), a Lei Zico foi aprovada sob os marcos e pressões de uma "nova" perspectiva liberal, de caráter privatista e mercantilista. Nessa perspectiva, trouxe elementos que alteravam a característica do passe dos jogadores de futebol e propunha a transformação dos times em empresas.

A Lei Pelé (n.º 9.615/1998) revogou toda a Lei Zico, ordenando nova legislação para o esporte no Brasil. Ficou conhecida como uma "Lei Geral" do esporte, já que dispõe sobre o esporte brasileiro, dando continuidade e discorrendo mais detalhadamente a partir da Constituição de 1988 em seu artigo 217.

A Lei Pelé, que trazia o esporte em suas manifestações: educacional, participação e rendimento, foi alterada em 2015 pela Lei n.º 13.155, que incluiu a manifestação do esporte "desporto de formação". Refletindo sobre os tensionamentos acerca dos esportes de rendimento e educacional, esse, "de formação", é caracterizado pelo

> [...] fomento e aquisição inicial dos conhecimentos desportivos que garantam competência técnica na intervenção desportiva, com o objetivo de promover o aperfeiçoamento qualitativo e quantitativo da prática desportiva em termos recreativos, competitivos ou de alta competição (BRASIL, 2015, s/p).

Tal manifestação do esporte, a partir da análise da lei alterada, parece possibilitar mais um tipo de ocorrência e de ordenação jurídica do esporte de rendimento, funcionando como um desdobramento dele. Como o próprio termo diz, a formação do atleta, em seu sentido mais amplo, que garante para além da formação esportiva, a formação escolar e/ou profissional, é prevista por essa lei. Há uma legitimação do enquadramento desses jovens na vida profissional esportiva, sendo-lhes garantido o direito à educação. Porém, apesar de tantas garantias sobre a educação desses jovens em formação esportiva (mas, provavelmente, já competindo e trabalhando no esporte de rendimento), o que se desdobrou, o que se efetivou, foi mais uma ocorrência legitimada do esporte de rendimento.

As alterações nas leis e o movimento nas legislações esportivas desde a Constituição, apresentadas pelas leis Zico, Pelé e Agnelo Piva, não mostram um ordenamento mais preciso acerca do esporte educacional. Ao contrário, discorrem cada vez mais sobre o esporte de rendimento e seus desdobramentos, e suas consequências cada vez mais intensificadas pelo mercado.

7.3 O ENTE RESPONSÁVEL, A EDUCAÇÃO FÍSICA ESCOLAR, OS INTERESSES PRIVADOS E A CONSTITUIÇÃO DE 1988

O inciso I do artigo 217 "Do Desporto", garante a autonomia das entidades que organizam o esporte no país. Ao se considerar a natureza privada das entidades esportivas no Brasil, a redação desse inciso explicita o caráter liberalizante – alusivo à livre iniciativa e aos preceitos da lógica de mercado – ensejado pelas entidades que disputavam a redação do texto constitucional.

Naquele momento de formulação da Constituição Federal, pode ser vista na base de todo o Artigo 217, a associação entre a construção constitucional do esporte e os interesses privados da área.[10] Segundo Canan, Starepravo e Souza (2017), os próprios membros da CRDN tinham ligação com o esporte privado e buscavam garantir seus interesses. Nesse sentido, Castellani Filho (1985), ao analisar essa mesma comissão, já afirmava tratar-se de um "acordo entre elites". Portanto, desde sua construção, o direito ao esporte já apresentava laços liberais, que permitiria parcerias público-privadas, como é possível observar no período subsequente.[11]

Um dos problemas do artigo referente ao esporte na Constituição é o fato de o texto não especificar os entes federados responsáveis pela garantia do esporte enquanto um direito. De acordo com o texto constitucional, o Estado é quem deve garantir essa efetivação, porém isso não significa que apenas o governo federal deve ser o incumbido dessa tarefa. A realidade mostra que há diversos estados e municípios que destinam recursos para

---
[10] Araújo *et al.* (2017); Linhares (1996); Castellani Filho (2013); Canan, Starepravo e Souza (2017).

[11] As isenções fiscais às entidades privadas e a ocorrência dos megaeventos esportivos no Brasil são alguns dos indícios do destino de recursos para o âmbito privado.

essa área, até optando por programas específicos e locais.[12] Entretanto, essa ausência de especificidade ou diretriz, na letra da Constituição, em relação aos entes federados responsáveis pela garantia do direito ao esporte, causa, segundo Santos, Canan e Starepravo (2018), uma "inação" gerada pela própria Constituição, num jogo de "empurra-empurra" no qual, apesar da responsabilidade estatal, ninguém sabe quem deve cumpri-la.

Outro elemento presente na Constituição que demonstra a fragilidade na implementação de políticas vinculadas ao esporte é a redação do Artigo 24, que afirma ser de competência da União, concorrentemente aos estados e ao DF, legislar sobre o esporte. Tal questão pode ser comprovada pelo próprio artigo 217, que nem sequer cita os estados ou os municípios. Corroborando esse fato, a Constituição também não delimita nenhuma atuação dos entes federados em relação ao esporte, porém todos estão autorizados a agir.

Santos, Canan e Starepravo (2018) afirmam que o federalismo presente no Brasil acaba por permitir investimentos muito díspares entre as localidades, o que é intensificado devido à generalização da letra constitucional. Pesquisando a Função Desporto e Lazer (FDL) na Bahia, de 2002 a 2011, esses autores demonstraram que os maiores investimentos são realizados pelos municípios.

Nesse sentido, ao se considerar a realidade de investimentos e políticas públicas díspares ao longo do território brasileiro, torna-se obtuso identificar todo o investimento destinado ao esporte de maneira exata.

A descentralização no Brasil, que visava garantir mais diversidade no que diz respeito ao alcance das leis à totalidade dos cidadãos, confere autonomia política definida por normas constitucionais ou infraconstitucionais para ações para destinação de recursos que efetivem as políticas públicas (SANTOS; CANAN; STAREPRAVO, 2018).

Outra limitação encontrada no texto constitucional pode ser observada nos próprios termos utilizados para definir as manifestações do esporte. "Desporto educacional", "desporto de alto rendimento", "manifestações desportivas formais e não formais": a falta de consistência conceitual prejudica não apenas a compreensão, mas a própria ação estatal que viria a garantir tal direito. Tal limitação pode causar outras consequências para a garantia do

---

[12] A Secretaria de Esportes, Lazer e Juventude do estado de São Paulo lista alguns projetos esportivos que são oferecidos pelo estado. Alguns deles são: "Vidativa", "+EsporteSocial", "100% Esporte Para Todos". Disponível em: http://www.selj.sp.gov.br/. Acesso em: 20 jun. 2019.

direito ao esporte, como sua efetivação ser vinculada ou responsabilizada a outras áreas. É o caso do "desporto educacional" e sua possível relação com a Educação Física escolar.

Durante o período de ANC, quando a CRDN foi incumbida de preparar o texto constitucional que versava sobre o esporte, essa comissão confeccionou um relatório de atividades, em 1985, a ser apresentado ao governo, intitulado: *Uma nova política para o desporto brasileiro: esporte brasileiro, questão de Estado*. Segundo Araújo et al. (2017), o texto avança democraticamente na defesa do esporte como direito social, tratando-o como de responsabilidade do Estado. Como dispositivos para tal fundamentação, esse relatório defende a obrigatoriedade da Educação Física, juntamente ao fortalecimento da justiça desportiva e de recursos públicos para o esporte em diferentes manifestações (ARAÚJO *et al.*, 2017). Tal documento, portanto, atrela a Educação Física escolar como uma das corresponsáveis pela garantia do direito ao esporte.

A Educação Física é uma disciplina curricular da educação básica, presente na escola no ensino fundamental e no ensino médio. O esporte é um de seus conteúdos, objetos de estudo, unidade temática proposta pela BNCC (BRASIL, 2017). Junto a ele há outros conteúdos/objetos de estudo que formam, no montante, as práticas corporais a serem contempladas nos estudos da Educação Física na escola.

Além de não ser possível que todos os alunos sejam assíduos praticantes de práticas esportivas por meio da Educação Física escolar, esse componente curricular não deve ser organizado em torno da garantia do direito ao esporte, mas, sim, preocupar-se com a garantia do direito à educação, já que faz parte da instituição escolar.[13]

Segundo Linhales (1998), necessitamos romper com a ideia da Educação Física associada ao esporte para, assim, tentar ganhar mais destaque no Estado. Isso também é válido para as tentativas de atrelamento do esporte à Educação Física escolar, buscando mais políticas públicas, prestígio social para a área, espaço e reconhecimento dentro da escola, lugar de exposição na imprensa, entre outras maneiras de validar e legitimar a área, estereotipando e distorcendo suas funções sociais. A Educação Física escolar deve cumprir seu papel de garantir o direito à educação, e não ser responsável pelo direito ao esporte.

---

[13] Há de se considerar, que durante o período de ditadura militar no Brasil, havia uma tendência à esportivização da Educação Física escolar, com fins políticos de disciplinamento e de representação nacional (ASSIS DE OLIVEIRA, 2005). Porém, a partir da década de 1980 e 1990, contribuições acadêmicas importantes da área da Educação Física rediscutem o papel dessa disciplina curricular escolar, compreendendo como seu objeto de estudo as práticas corporais e culturais e não o reduzindo ao esporte.

CONSIDERAÇÕES FINAIS

Este capítulo buscou refletir sobre os desdobramentos do direito ao esporte na letra constitucional e em legislações infraconstitucionais brasileiras, com atenção especial para as chamadas "Leis Gerais do Esporte".

Apesar da delimitação no texto constitucional, em seu artigo 217, de prioridade ao esporte educacional, tal relação e alocação de recursos organizam-se de outra forma. Por meio das análises das "Leis Gerais do Esporte", é possível identificar maior atenção ao esporte de alto rendimento. Nesse sentido, os versos normativos abrem brechas para entidades privadas esportivas, e o movimento é de consolidação do esporte de rendimento como espetáculo e como consumo, manifestações muito presentes na sociedade. Da mesma forma, é possível observar que as legislações infraconstitucionais seguem tanto a trajetória estabelecida na CRDN como a ênfase dada ao esporte de alto rendimento institucionalizada por meio da Lei Zico.

A limitação na construção da constitucionalização do esporte provocou vácuo no diálogo com a realidade brasileira no que diz respeito às discussões e debates mais avançados à época. A ausência de participação popular e dos grupos mais progressistas da área é fruto da restrição do grupo que compôs a CRDN. Além disso, outras prioridades (educação e saúde, por exemplo), que estavam mais à tona e causando mais preocupação naquele momento de ANC, causava mais participação do que as questões do esporte. O resultado foi um texto constitucional sobre o esporte que apenas comemora sua presença na Carta Magna brasileira de 1988, sem ser possível ressaltar a importância de suas garantias práticas. Ao mesmo tempo, também revela a liberalização como projeto concreto para o esporte no país.

Atualmente, para uma análise sobre a garantia do esporte em território nacional, é importante estudos que trabalhem com recursos federais destinados à Função Desporto e Lazer, porém, eles não são suficientes para análise real já que a Constituição não especifica a responsabilização de um ente federado na garantia do esporte, sendo esse direito de competência comum e não exclusiva. Dessa forma, são fundamentais pesquisas que abranjam suas fontes de recursos, em uma empreitada de mapeamento dos recursos para Função Desporte e Lazer nos âmbitos municipais, estaduais e federais, o que possibilitará um olhar mais atento para as diversas políticas públicas presentes no Brasil.

REFERÊNCIAS

ASSIS, Ana Elisa Spaolonzi Queiroz. **Direito à educação e diálogo entre poderes**. 2012. 271 f. Tese (Doutorado em Educação) – Faculdade de Educação, Universidade Estadual de Campinas, Campinas, 2012.

ASSIS DE OLIVEIRA, Sávio. **Reinventando o esporte**: possibilidades da prática pedagógica. Campinas: Autores Associados, 2005.

ATHAYDE, PEDRO FERNANDO AVALONE. **O ornitorrinco de chuteiras**: determinantes econômicos da política de esporte do governo Lula e suas implicações sociais. Brasília 2014. 415 f. Tese (Doutorado em Política Social) – Instituto de Ciências Humanas (UFJF), Departamento de Serviço Social, Brasília, 2014.

ARAÚJO *et al*. O esporte como direito social: notas sobre a legislação esportiva no estado do Maranhão. *In*: VIII JORNADA INTERNACIONAL DE POLÍTICAS PÚBLICAS. **Anais** […]. São Luiz-MA, 2017.

BRACHT, Valter. **Sociologia crítica do esporte**: uma introdução. 3. ed. Ijuí: Editora da Universidade Regional do Noroeste do Estado do Rio Grande do Sul, 2005.

BRASIL. Constituição (1988). **Constituição da República Federativa do Brasil de 1988**. Disponível em: http://www.planalto.gov.br/ccivil_03/constituicao/constituicaocompilado.htm. Acesso em: 20 jun. 2019.

BRASIL. Lei n.º 8.672, de 06 de julho de 1993. Institui normas gerais sobre o desporto e dá outras providências. **Diário Oficial [da] República Federativa do Brasil**, Brasília, DF, 07 jul. 1993. Disponível em: http://www.planalto.gov.br/ccivil_03/leis/L8672.htm. Acesso em: 20 jun. 2019.

BRASIL. Lei n.º 9.615, de 24 de março de 1998. Institui normas gerais sobre o desporto e dá outras providências. **Diário Oficial [da] República Federativa do Brasil**, Brasília, DF, 25 mar. 1998. Disponível em: http://www.planalto.gov.br/ccivil_03/leis/L9615consol.htm. Acesso em: 20 jun. 2019.

BRASIL. Lei n.º 10.264, de 16 de julho de 2001. Acrescenta inciso e parágrafos ao art. 56 da Lei no 9.615, de 24 de março de 1998, que institui normas gerais sobre desporto. **Diário Oficial [da] República Federativa do Brasil**, Brasília, DF, 17 jul. 2001. Disponível em: http://www.planalto.gov.br/ccivil_03/LEIS/LEIS_2001/L10264.htm. Acesso em: 20 jun. 2019.

BRASIL. Lei n.º 13.155, de 04 de agosto de 2015. Estabelece princípios e práticas de responsabilidade fiscal e financeira e de gestão transparente e democrática para entidades desportivas profissionais de futebol [...] **Diário Oficial [da] República Federativa do Brasil**, Brasília, DF, 05 ago. 2015. Disponível em: http://www.planalto.gov.br/ccivil_03/_ato2015- 2018/2015/lei/l13155.htm. Acesso em: 20 jun. 2019.

BRASIL. Ministério da Educação. **Base Nacional Comum Curricular**. 2017. Disponível em: http://basenacionalcomum.mec.gov.br/images/BNCC_EI_EF_110518_versaofinal_site.pdf. Acesso em: 20 jun. 2019.

CANAN, Felipe; STAREPRAVO, Fernando; SOUZA, Juliano de. Posições e tomadas de posições na constitucionalização do direito ao esporte no Brasil. **Movimento**, Porto Alegre, v. 23, n. 3, jul./set. 2017.

CASTELLANI FILHO, Lino. Digressões sobre a política esportiva no reino do faz-de-conta. **Revista Sprint**, ano IV, v. 3, p. 20-24, 1985.

CASTELLANI FILHO, Lino. **Política educacional e educação física**. Campinas: Autores Associados, 1998.

CASTELLANI FILHO, Lino. **Educação física, esporte e lazer: reflexões nada aleatórias**. Campinas: Autores Associados, 2013.

FERNANDES, Florestan. **A constituição inacabada**: vias históricas e significado político. São Paulo: Estação Liberdade, 1989.

FERRAZ JUNIOR, Tercio Sampaio. **Introdução ao estudo do direito**: técnica, decisão e dominação. São Paulo: Atlas, 2003.

LAKATOS, Eva Maria; MARCONI, Marina de Andrade. **Fundamentos de metodologia científica**. São Paulo: Atlas, 1985.

LINHALES, Meily Assbú. **A trajetória política do esporte no Brasil**: interesses envolvidos, setores excluídos. 1996. 242 f. Dissertação (Mestrado em Ciência Política) – Universidade Federal de Minas Gerais, Belo Horizonte, 1996.

LINHALES, Meily Assbú. São as políticas públicas para a educação física/esportes e lazer, efetivamente políticas sociais? **Motrivivência**, Florianópolis, ano X, n. 11, jul. 1998.

PIERSON, Paul. Retornos crescentes, dependência da trajetória (Path Dependence) e o estudo da política. **Ideias**, [S. l.], v. 6, n. 2, 2015.

SANTOS, Edmilson Santos dos; CANAN, Felipe; STAREPRAVO, Fernando. Investimentos na função desporto e lazer por parte dos municípios da Bahia de 2002 a 2011. **Journal of Physical Education**, Maringá, v. 29, 2018.

SIGNORELLI MIGUEL, Rebeca; PRODÓCIMO, Elaine. O esporte, suas legitimações e relações com a escola em momento de Copa do Mundo no Brasil. **Revista Brasileira de Ciência e Movimento**, [S. l.], v. 27, n. 2, p. 143-154, 2019.

VERONEZ, Luiz Fernando Camargo. **Quando o Estado joga a favor do privado**: as políticas de esporte após a Constituição de 1988. 2005. 376 f. Tese (Doutorado em Educação Física) – Faculdade de Educação Física, Universidade Estadual de Campinas, Campinas, 2005.

CAPÍTULO 8

LAZER DE AVENTURA DA DIFERENCIAÇÃO À OLIMPIZAÇÃO: REVISÃO E PROPOSTA TERMINOLÓGICA SOBRE PRÁTICAS CORPORAIS DE RISCO NA NATUREZA

Marília Martins Bandeira

INTRODUÇÃO

Esse capítulo é parte da revisão bibliográfica da tese Políticas públicas para o lazer de aventura: entre esporte e turismo, fomento e controle do risco (BANDEIRA, 2016) repensada após a inserção de skate, surf e escalada nos Jogos Olímpicos de Tóquio em 2021. O presente texto privilegia discussão com publicações pioneiras em inglês e francês procurando traduzir suas sínteses, visto que são idiomas menos lidos que o espanhol em publicações sobre a temática em nosso país.

Como detalho em outras publicações (BANDEIRA, 2012b, 2021), clássicos da antropologia, filosofia e sociologia já traziam reflexões sobre práticas corporais na natureza e o risco implicado nessa relação. Entre colchetes apresento a data de publicação dos originais. Mauss ([1934] 2003) menciona o alpinismo, Lévi Strauss ([1955] 1981) problematiza a popularização das viagens de aventura, Caillois ([1958] 1990) os jogos ao ar livre e de vertigem, Bourdieu ([1980] 1990) "esportes californianos" pensando surf e windsurf estadunidenses importados pela burguesia da França, Elias e Dunning ([1986] 1992) o montanhismo e o esqui, e Parlebas (1988) jogos e esportes em ambiente selvagem.

A caracterização pioneira deste conjunto de práticas como deliberadamente diferentes dos esportes modernos, por se pretenderem, em algumas versões, menos competitivas e institucionalizadas, chamadas por alguns autores debatidos por Allen Guttmann ([1978] 2004) de esportes pós-modernos, já era controversa, visto que Dias, Melo e Alves Junior (2007) demonstram que as primeiras associações de alpinismo e montanhismo europeias são contemporâneas às de futebol, assim como Elias também as considerava em estudo sobre a gênese do esporte moderno. Mas, com a crescente institucionalização das modalidades criadas a partir dos anos 1960, tais como skate (que junto do snow e wakeboarding proporcionam a classificação esportes com prancha) e a escalada dissociada do montanhismo nas paredes de agarras artificiais, assim como o surfe dissociado da tradição polinésia, chegando às piscinas de ondas, e inclusão destas modalidades nos Jogos Olímpicos, o objetivo deste capítulo foi revisar as mudanças teóricas na análise acadêmica de tais práticas corporais.

8.1 DA CRÍTICA À POLÍTICA

A literatura sobre práticas corporais de lazer de aventura, antes de se constituir como subcampo de investigação próprio, parte de estudos monográficos sobre os detalhes da rotina de cada modalidade, ainda descrita como exótica, que ganhava visibilidade nas décadas de 1970 e 1980. Passa pelo debate terminológico para a adoção de uma expressão que as congregasse, mesmo com origens geográficas e históricas tão distintas, por suas semelhanças, em um conjunto, na década de 1990. E, recentemente, problematiza a desigualdade dos diferentes marcadores sociais em sua adesão e as dimensões políticas dessas práticas.

Estudos pioneiros demonstraram o engajamento em movimentos alternativos, como androginismo e ambientalismo, identificando sua incorporação pela indústria do entretenimento e as pesquisas mais recentes lidam com a apropriação de escalada, surfe e skate no maior dos megaeventos esportivos, além do kitesurf e da debatida possível inclusão do parkour e breakdance, que nem eram considerados esportes em muitas de suas versões.

A sociological study of the surfing subculture in the Santa Cruz area (HULL, 1976), a exemplo dos estudos inaugurais, é uma monografia sobre uma única modalidade (formato perpetuado em investigações de cunho antropológico da época) tomada como um todo cultural. *Social stigma of high-risk sport subcultures* (VANREUSEL; RENSON, 1982), diferentemente, é estudo comparativo de três práticas distintas: escalada em rocha, cavernismo e mergulho livre.

Com base em uma sociologia do desvio, preocupada com comportamentos juvenis arriscados, Vanrenseul e Renson (1982) afirmam que tais esportes são procurados não porque seus adeptos não se sentiram suficientemente desafiados em outras esferas de suas vidas, mas porque encontraram nessas práticas um meio de se dissociarem da sociedade hegemônica e seus esportes convencionais e constituírem uma subcultura ou identidade diferencial.

Os autores afirmam que a sociologia do esporte não se dedicara a estudar tais tipos de prática, até então, por três motivos principais: 1) seu caráter informal e estrutura volátil dificultavam sua circunscrição; 2) não comportavam espectadores, pois não aconteciam em arenas ou espaços bem definidos e de fácil acesso para não iniciados; 3) praticantes frequentemente desenvolviam mecanismos de defesa contra intrusos. Não eram receptivos àqueles que não estavam interessados em se tornarem praticantes, pois suas práticas eram estigmatizadas e até mesmo ilegais.

Para Vanrenseul e Renson (1982), estudos anteriores, muitos na interface com a psicologia social, tinham como interesse traçar perfis de personalidade e identificar motivações dos voluntários à exposição a riscos desnecessários. Ao identificar que a maioria desses estudos abordara tais práticas e o risco a partir da individualidade, os autores sugerem que seja investigada sua dimensão compartilhada, coletiva ou social. Especialmente em um contexto no qual tais praticantes estavam sendo marginalizados, não como atletas, mas como "vagabundos", "fanáticos", "suicidas" (p. 188), "viciados em adrenalina" ou "foras da lei" (p. 189). Estigmas que, segundo Vanrenseul e Renson (1982), foram alimentados por alguns dos próprios praticantes propositalmente em nome de um desejado status subversivo.

Por outro lado, as observações de adeptos das três modalidades investigadas pelos autores, atestavam constantes treinamentos em segurança e sobrevivência, socorros de urgência e rigorosa e permanente checagem da meteorologia e manutenção dos equipamentos. Essa preocupação e disciplina registrada em muitas modalidades levou autores subsequentes (tais como COSTA, 2000) a afirmarem que o risco buscado em tais práticas seria apenas um risco imaginário ou calculado.

Embora, segundo Vanrenseul e Renson (1982), os praticantes negligentes com a segurança sejam fortemente repreendidos nas três modalidades por eles estudadas, atividades tecnicamente mais desafiadoras e, consequentemente arriscadas, em que riscos maiores assumidos são respeitados quando significam muita dedicação e proficiência à/na modalidade e conferem status positivo aos seus adeptos. Exemplos são a escalada solo (sem equipamentos de segurança), *BASE jump* em relação ao paraquedismo e *tow-in* em relação ao surfe. Essa ambiguidade demonstra a complexidade da relação com o risco que é aumentado não aleatoriamente, mas conforme o comprometimento técnico do praticante.

Apontados por Vanrenseul e Renson (1982) como eixos nessas "subculturas esportivas" e que se mantém são a relação com constante inovação de equipamentos tecnológicos sofisticados e "fala técnica altamente especializada" (p. 194), também relacionados à necessidade por parte do praticante de estudos sistemáticos de fauna, flora, geologia e clima, com especial atenção às regiões onde a prática acontece.

Segundo Vanrenseul e Renson (1982), a principal diferença notada entre as três modalidades comparadas era que, enquanto mergulhadores e espeleoturistas/cavernistas atribuem à sua relação com a natureza um sentido de desconhecido a se tornar conhecimento, os escaladores daquele estudo interpretavam-na como obstáculo desafiador a ser conquistado. Por outro lado, no que se referia à relação com outros membros da sociedade, os grupos de cavernismo e escalada por eles estudados compartilhavam apreciação pelo não conformismo e pela quebra de regras, enquanto o mergulho operaria em acordo com a "lei e a ordem", em rituais disciplinantes, quase militares, segundo palavras dos autores. O que indica sínteses técnicas e hibridismo de valores entre modalidades.

Pesquisas subsequentes seguiram, em sua maioria, duas vertentes de paradigmas para explicar a proliferação de adeptos a esses tipos de práticas: a) a apoiada na ideia de que o contrato social, a expansão das cidades, o imperativo do modo de vida urbano e o aumento do controle e burocratização em diversos âmbitos da vida dos Estados-nação provocariam o desejo de fuga do controle das sociedades humanas, em que a busca de liberdade encontrada na natureza e no lazer, como forma de se desafiar, seriam uma alternativa (LYNG, 1990); e b) aquela que vê as sociedades ocidentais atuais como sociedades de risco (BECK, 1990; GUIDDENS, 1991), em que tantos aspectos são tão efêmeros e especulativos que é preciso se expor ao risco para aprender a lidar com ele. Apesar dos pressupostos epistemológicos opostos para explica-lo, é inegável o crescente número de adeptos de tais tipos de atividades ou práticas que vêm sendo chamadas "de aventura" e sua popularização na virada dos anos 2000.

Lyng (1990) e Le Breton (1991) analisaram a voluntária exposição ao risco, não limitada apenas ao lazer ou a práticas esportivas, mas, posteriormente, acabam por realizar análises com esse foco. O primeiro autor trata de profissões arriscadas e cunha o conceito de *edgework*, ou seja, "trabalho na beira/borda (do abismo)", para caracterizar aquelas pessoas que aceitam funções sociais ou ofícios temerários à maioria da população, na interface com esportes extremos. O segundo analisa o que chama de condutas de risco, principalmente em jovens, o que inclui consumo de drogas, automutilações, jogos de desmaio, roleta-russa e rachas na interface do que mais tarde se convencionaria chamar esportes de aventura.

"Os desafios da leveza: as práticas corporais em mutação", de Christian Pociello, capítulo da coletânea *Políticas do corpo* (SANT'ANNA, 1995), que já havia sido publicado em francês na revista *Esprit*, em 1993, ressalta a importância do voo, das quedas e do deslize em práticas esportivas mais recentes. O autor considera central o interesse por implementos recém inventados e sua manipulação sensorial na fruição de fenômenos naturais como ondas, corredeiras ou vento. Pociello (1995) considerava que esses desafios esportivos diferiam daqueles mais vistos no cenário olímpico, até então, na interação com fenômenos naturais e criatividade constante da invenção de novos artefatos e gestos esportivos e controle informacional do corpo com a tecnologia, ao invés de capacidades físicas brutas.

Outro francês a abordar tais práticas como um conjunto é Alain Ehrenberg que, em 1995, publica o original de *O culto da performance: da aventura empreendedora à depressão nervosa*, publicado em português no Brasil em 2010. O autor situa os esportes de aventura em uma análise crítica da contemporaneidade, caracterizada por ele segundo três peculiaridades: o quanto é esportiva, consumista e empresarial.

Segundo Ehrenberg ([1995] 2010), a década de 1980 testemunhou a ascensão do individualismo, a celebração da figura do empreendedor e a vitória da paixão pela empresa sobre a política da cidadania. Ele criticamente lista os esportes de aventura como características de uma França que tem os "homens de negócio" como modelo ideal de conduta, pautados em ser obstinado, assumir riscos e desfrutar de si mesmos. Tudo isso em regime de excelência promovido por uma importância crescente do esporte performático como modelo para outras esferas da vida social.

Em específico no seu primeiro capítulo, intitulado "O esporte-aventura: nova maneira de se pensar", Ehrenberg ([1995] 2010) afirma haver uma multiplicação do uso não esportivo do esporte e uma esportivização da aventura. Esse duplo movimento sendo o motor da popularidade da última, juntamente ao apelo da imagem do aventureiro esportista como um sobrevivente, segundo ele, metáfora para tudo na vida: "lógica do desafio em que se deve produzir sua própria liberdade" (p. 43).

> A aventura é utilizada [até] no contexto de sessões de formação [profissional...] em percursos audaciosos em que se pratica *rafting*, saltos no vazio e paraquedismo com a intenção de fazer [...] aprender a assumir riscos, tanto individualmente, quanto coletivamente num ambiente econômico imprevisível. Há algumas décadas, eram tão pouco comuns os que utilizavam o esporte como símbolo da competitividade de uma empresa que ninguém jamais teria pensado em empregá-lo como método de gestão de pessoal. Hoje a referência ao esporte está baseada na banalidade mais degradante, e sua inserção nas técnicas de motivação dos empregados não causa nenhum espanto. A prática esportiva e a linguagem do esporte penetraram a tal ponto em todos os poros da sociedade que está em via de se tornar uma passagem obrigatória para os valores da ação. Entramos numa nova era do esporte. Ao contrário, os esportistas e os aventureiros estão inclinados a adotar um modo de ação empresarial para administrar sua imagem [...] Esse ir-e-vir permanente entre esporte, aventura e empresa, esse espírito de conquista que nos invade, é a marca de uma mudança decisiva na mitologia da auto realização. O homem de massa, tanto na sua versão classes populares, como na versão classes médias, contentava-se em admirar seus heróis [...] hoje o indivíduo comum não deve mais se acomodar com esses devaneios: exige-se dele que aceda verdadeiramente à individualidade por meio de uma passagem à ação [ser seu próprio herói] (p. 10-11).

Se, por um lado, é importante ser crítico na análise de qualquer fenômeno social e esse perfil de praticantes de aventura analisado por Ehrenberg é inegável, por outro, sua interpretação é focada na análise da apropriação que a publicidade e o mundo corporativo fizeram das práticas de aventura e não de todos os perfis de praticantes autônomos. O autor não leva em consideração a miríade de diferentes apropriações possíveis por diversos estilos de praticantes e negociações que podem ser estabelecidas em uma mesma modalidade em relação a marcadores sociais da diferença, mas já anuncia o que é encontrado em Bandeira, Bastos e Amaral (2018), quando problematizam o caso de uma equipe de *rafting* composta por trabalhadores de baixa escolaridade, criticados por sua suposta hipercompetitividade pelos das classes altas.

Towards an anthropological analysis of new sport cultures: the case of Whiz Sports in France (MIDOL; BROYER, 1995), sobre esportes de deslize na neve, dedica-se a investigar em profundidade o caso de um grupo específico de praticantes na França. Segundo os autores, o movimento "Whiz" deu-se naquele país a partir de um conflito entre atletas profissionais e os técnicos da Federação Francesa de Esqui. Alguns atletas opunham-se a métodos de treinamento que não permitiam o divertimento (o termo *"fun"* é uma noção muito presente nas investigações sobre as modalidades aqui consideradas em países anglo-saxões e na tradução de tais artigos para o inglês). De acordo com os autores:

> Os treinadores eram de uma geração que havia compartilhado certos tabus sexuais e internalizado os valores do trabalho, força de vontade e auto-sacrifício, e o sentimento de culpa associado à inatividade. Os esquiadores eram de uma geração que havia visto liberação sexual [...] Para eles, mecanismos de defesa que antes eram aplicados a tabus sexuais, agora são aplicados a tabus sobre a morte; uma transição semelhante deu origem a novas formas esportivas livres de restrições com base na segurança. [...] Essa nova geração substituiu a moralidade da culpa (nascida do pecado original) por uma busca de prazer no momento presente, uma busca pelas emoções vividas pelos atletas à medida que avançam ainda mais rápido [...] Também devemos observar que essa cultura se definiu através da aparência de objetos recém-criados. Equipamentos esportivos, como pranchas de surf e mono--esquis, deram início à transição, levando a novos tipos de trocas e relações. (p. 207).

Ao optar pelo termo *"whiz"*, esses esquiadores criaram uma entidade paralela à Federação Francesa de Esqui e organizaram competições inovadoras de diferentes formatos, sem separação por gênero, por exemplo, e incentivaram o esqui fora das pistas das estações. Embora essas vivências alternativas persistam e o *snowboarding* tenha sido, antes de ser incorporado pelos Jogos Olímpicos de Inverno, associado à anarquia e à androgenia do final do século XX, a entidade não passou dos anos 1980.

Vera Lúcia Costa (2000), uma das pioneiras em estudos de modalidades de aventura no Brasil, afirma ter selecionado montanhistas de lazer e autônomos para a investigação, não escaladores competitivos ou turistas, ou seja, talvez esse recorte tenha sustentado a interpretação que não revela divergências de significado em uma mesma modalidade, embora tenha notado que a relação com a natureza pode ser diversa. Segundo a autora, alguns grupos sacralizam-na e protegem-na, outros a usam como cenário para suas façanhas físicas sem se importarem com o impacto de suas atividades.

Também citada por Costa está Mary Jane Spink. A autora e diversos colaboradores investigam as origens históricas do conceito de risco e seu papel como estratégia de governamentalidade (SPINK, 2001a), o papel metafórico do risco no que chama de modernidade tardia (SPINK, 2001b), os repertórios sobre risco que circulam na mídia jornalística (SPINK; MEDRADO; MELLO, 2002), a busca de risco pelo prazer da adrenalina (SPINK *et al.*, 2003), os seguros de vida e contra acidentes como tecnologia de gestão do risco no turismo de aventura e o conjunto de práticas que recuperam a dimensão positiva dos riscos na interface dos esportes radicais com o turismo de aventura (SPINK; ARAGAKI; ALVES, 2005).

A autora debate com Csikszentmihalyi (1975), e sua noção de *flow*, que também é citado por Renato Miranda (2000), em sua tese de doutorado *Motivação no trekking: um caminhar nas montanhas*, entre outros muitos autores subsequentes da interface com a psicologia e David Le Breton, que publica, em 2002, o original de *Condutas de risco: dos jogos de morte ao jogo de viver*, traduzido para o português em 2009.

8.2 DESDOBRAMENTOS E DEBATE

Para Le Breton (2009), a natureza no imaginário ocidental é vista como instrumento de autoconhecimento, habitando tanto as paixões físicas e esportivas "radicais" como a formação ao ar livre em empresas. Ele dialoga com a perspectiva crítica de Ehrenberg (2010), mas situa o apelo dos ambientes naturais em uma tradição moderna:

> No final do século XIX, a preocupação em moralizar a juventude em um contexto de crise social suscitou o desenvolvimento de Boys Brigades e, posteriormente, do escotismo, a partir de 1908, sob a égide de Baden Powell, para envolver os jovens em uma relação concreta com a natureza, apoiando-se simultaneamente sobre a disciplina consentida e sobre o desejo de aventura, de autonomia, o gosto pelo esforço físico. Muitas outras experiências se utilizaram desses métodos de imersão, conjugando trabalho escolar e envolvimento real no mundo para dar responsabilidade ao jovem, temperar seu caráter, levá-lo à cooperação com os outros [...] Primeiro na Alemanha, em Salem, às margens do lago de Constance, no castelo dos marqueses de Baden, depois na Grã-Bretanha

> após seu exílio, Kurt Hahn desenvolveu a École du Grand Large. [...] Navegar sobre mares perigosos, tomar parte em expedições difíceis, praticar o alpinismo – essas atividades de homens, ajudariam também os jovens a desenvolver um ideal, a vencer múltiplos obstáculos e a estabelecer amizades capazes de transformar sua concepção de vida" [...] A aventura erigiu-se em princípio educativo. (p. 154-155).

Le Breton ([2002] 2009) conclui que tais desafios se autonomizaram das escolas e o enfrentamento desses tipos de riscos em jornadas ordálicas passaram a ritos de passagem contemporâneos, jogo de provações com a morte (mesmo que simbolicamente) para uma magnificação da vida. Segundo o autor, como compensação à excessiva calma da sociedade civil, é preciso lançar-se à natureza para reencontrar a graça da vida no imprevisto. Entretanto, também é preciso receber essa formulação com parcimônia. Embora embasado em entrevistas e análise de relatos de aventureiros, não se pode deixar de considerar que a maioria de seus pesquisados são franceses. Nem todos os países do mundo que têm experimentado a popularidade desses tipos de lazer são considerados seguros como a França.

De acordo com Le Breton (2009), para certos perfis de praticantes o ambiente selvagem é uma arena ambivalente: sagrada e impiedosa, na qual o adversário é si mesmo. Nessa procura de emoção, o vocabulário dos praticantes dá ao pesquisador, mais uma vez, o termo: *fun* (cujo correspondente em português atual e descontraído poderia ser "curtição"), muito baseado nos efeitos da percepção e da superação do perigo dados pela secreção de adrenalina. Mas o autor não nega que certos "novos aventureiros", fartamente patrocinados, exibem sua "paixão inútil" procurando sua exposição midiática, os melhores ângulos para a câmera, do sofrimento ao êxtase, como também criticava Lévi-Strauss (1981):

> Se a "natureza radical" se converte em adversidade deliberadamente escolhida por seus rigores, o corpo é a outra peça mestra desse jogo sutil com os limites e a morte. Nessas atividades, o corpo é colocado como alter ego, objeto privilegiado da atenção do ator que dele passa a cuidar, dele exige o melhor resultado na procura do suplemento da alma (de sentido) que lhe falta. Metamorfoseado em adversário mais ou menos obstinado em reduzir e até mesmo a leva-lo a ficar nauseado com o desempenho, ele é instrumento que deve ser vigiado em suas reações, seus parâmetros, a fim de contrapor-se a suas fraquezas. A determinação do caráter, a ambivalência, o sofrimento têm livre curso por ocasião

> desta busca. Durante essa luta íntima, e muitas vezes feroz, trata-se de conter o próprio corpo, sabendo que quanto mais marcado ele estiver ao final, mais significativo será o ganho esperado do acontecimento (LE BRETON, 2009, p. 111).

Essa explanação encaixa-se nos perfis de praticantes e adeptos regulares e/ou autônomos, comprometidos tecnicamente com as modalidades elegidas. O que Le Breton (2009), entre outros autores, chama de simulacros de risco, dados nas atividades mais efêmeras, são versões simplificadas e facilitadas dessas práticas oferecidas principalmente no turismo, nas quais não se dá nem esse grau de envolvimento físico/técnico, nem a exposição a um ambiente tão inóspito e isolado e o leigo contrata o praticante experiente para conduzi-lo e responsabilizar-se pela gestão do risco. Essa diferenciação é importante quando do estudo científico dos praticantes de tais modalidades.

Bandeira (2012a), devido ao campo tratar-se de um destino turístico, encontra atletas (no sentido de provas competitivas institucionalizadas) e esportistas (no sentido de adeptos de desafios físicos não campeonatos) que também são guias turísticos em Brotas, estado de São Paulo. Os turistas podem ser dependentes dos guias tanto tecnicamente, em termos de falta de habilidades motoras e de condicionamento físico demandados em cada passeio, quanto no que se refere a avaliar as condições climáticas e de orientação, para realizar a visita a certos ambientes. Nesses casos, não são considerados esportistas, embora haja turistas esportistas. Há uma clara dissociação entre esses perfis de adeptos que não pode ser confundida.

O esportista autônomo e o guia/condutor são aqueles que se comprometem com a aprendizagem técnica e produzem para ela referenciais. O turista comum pode não se responsabilizar tecnicamente por si e pode não estar interessado em aprender a (ou com a) atividade. Porém, essa categorização não pode ser vista como uma dicotomia simples entre esportista produtor de cultura e turista consumidor de um mercado.

Rinehart e Sydnor (2003) já alertavam que a questão do consumo é inevitável também nas práticas mais autônomas:

> Há uma ironia nos esportes radicais: formas 'autênticas', alternativas, 'puras', de vanguarda, rapidamente se tornam avant-garde e 'corrompidas'. Consequentemente, mesmo associados a culturas alternativas, também contribuem para o crescimento e a homogeneização de gostos específicos [...] Muitos atletas extremos desejam ser estranhos e não

conformistas, mas [...] isso também se torna uma retórica "conformista" inventada. Como muitos observam, o negócio empreendedor rapidamente se dedica à atividade consumidora multimilionária (RINEHART; SYDNOR, 2003, p. 10).

Os autores utilizam a expressão esportes extremos para chamar atenção do público, ao mesmo tempo em que propõem esportes alternativos, por vezes como sinônimo, por vezes como conceito inadequado. Enquanto problematizam as diferentes terminologias usadas, afirmam que as clássicas questões "o que é esporte?" e "qual sua origem?" são novamente confrontadas (RINEHART; SYDNOR, 2003, p. 2) por essas modalidades:

> Existem atletas que buscam regiões únicas, privacidade, saúde e/ou recuperação em seus empreendimentos esportivos alternativos, que podem não ser incluídos como participantes "registrados". Alguns atletas podem praticar seus esportes como regimes de ascetismo, ou condenar completamente a promoção de suas atividades no *mainstream* (p. 3) [...] Existem conexões residuais com os movimentos da Nova Era, do Dia da Terra e do Verde em alguns esportes; outras podem incorporar a expansão urbana. A Disney Corporation, ESPN, ESPN2, ABC, MTV, Discovery Channel e grandes empresas como Pepsi, Coca-Cola e Nike, apropriaram-se e determinaram essencialmente grande parte da imagem eletrônica dos esportes radicais no mundo. (p. 2-4).

Embora Rinehart e Sydnor (2003) alertem que pode haver uma oposição conceitual entre, por exemplo, o que seria chamado de escalada esportiva versus escalada de aventura, a última indicando não competição, pode-se adicionar a essa reflexão que alguns praticantes dessas modalidades não se consideram atletas competitivos, porém consideram sua modalidade um esporte. Nesse caso, a concepção de esporte também é mais abrangente como em Dias, Melo e Alves Junior (2007) e Pereira, Armbrust e Ricardo (2008), não necessariamente corresponde à institucionalização, à medição e comparação formal de performances, e, sim, a desafios físicos e/ou divertimentos corporais menos regrados.

Entretanto, uma concepção abrangente de esporte não pode perder de vista a diferença prática entre turistas e esportistas nas atividades de aventura. Por exemplo: não é estratégico analisar narrativas de pessoas que participam do *rafting* pela primeira vez ou ocasionalmente da mesma forma e com o mesmo peso interpretativo que as de alguém que era responsável por guiar a atividade. Aí está dado um problema analítico. É preciso dar tratamento metodológico aos significados atribuídos ao *rafting* por diferentes perfis de participantes: praticantes autônomos experientes, entre eles expedicionários e/ou competidores, que eventualmente podem se tornar guias, e os participantes do *rafting* esporádicos, tecnicamente dependentes dos guias, que o experimentam pontualmente, como um passeio.

Wheaton (2004) diferencia os praticantes dedicados e proficientes como *"core participants"*: participantes do centro/núcleo da modalidade. Ao apresentar sua coletânea (p. 12), faz um balanço de todos os capítulos sobre diversas modalidades e interpretações dos diferentes autores que resulta em uma boa lista de características para o que ela chama de "esportes de estilo de vida", que sintetizo e traduzo aqui:

> a) são um fenômeno historicamente recente, seja em sua criação ou adaptação a partir de formas culturais não europeias;
> b) diferentemente de alguns esportes extremos que podem ser definidos pelos consumidores de suas imagens e objetos, esportes estilo de vida são definidos essencialmente pela participação frequente e proficiência técnica, sintetizadas em comprometimento com a modalidade;
> c) são muito relacionadas à criação e consumo de novas tecnologias, o que leva a constante diversificação e fragmentação de modalidades;
> d) são formas de expressão coletivas, atitudes e identidade social que extrapolam a sessão de prática e tematizam toda a vida do praticante;
> e) promovem um tipo de divertimento hedonista, especificamente relacionado com as sensações proporcionadas pela adrenalina, que enfatiza a estética, fluidez, expressividade e criatividade em detrimento de competição, institucionalização, regulação e comercialização;
> f) perfil de participantes predominantemente de homens, brancos, ocidentais de classe média e acima (embora algumas modalidades sejam menos gênero-diferenciadas do que os esportes convencionais);
> g) predominantemente, embora não exclusivamente, práticas individuais[14];

---

[14] A autora sugere que a corrida de aventura e *o ultimate frisbee* são duas exceções interessantes. *Rafting* e canoagem polinésia são modalidades crescentes no cenário brasileiro mais recentemente e que também não são individuais.

h) são modalidades não agressivas, que não envolvem contato corporal, embora mantenham e fetichizem noções de risco e perigo;

i) estas noções propiciadas pela sua ocorrência em espaços liminares, sem fronteiras fixas, em sua maioria não urbanas, carregadas de nostalgia por um imaginário de melhor passado rural ou de um senso de natureza como algo misterioso, sagrado e/ou espiritual, a ser reverenciado, protegido e nutrido, quando urbanas são transgressoras dos usos prescritos para os espaços das cidades.

Segundo a autora, a opção pelo termo "esportes estilo de vida" dá-se quando tal expressão enfatiza a busca distintiva por uma identidade, mas também porque ela registra um movimento que perdura durante todo ciclo de vida dos praticantes, como práticas que vieram para ficar, estabilizadas também entre adultos e idosos. Para Wheaton (2004), os esportes "estilo de vida", embora tenham surgido entre gerações mais jovens a partir da década de 1960, como problematiza Uvinha (2001), acompanharam essas pessoas em suas fases seguintes de vida, tornando-se esportes para a vida inteira. Derrubando o estigma de idade associado a essas modalidades, demonstrando que não podem mais ser consideradas interesses restritos à juventude. De forma semelhante como antes podiam ser chamadas não--olímpicas e agora não mais.

O item e) já mereceu críticas de outros autores que analisaram processos de incorporação de modalidades ditas alternativas tanto por sistemas esportivos conservadores como por mídias de massa, que se apresentavam como subversivas, mas estavam muito comprometidas com a modelagem de um mercado lucrativo, como apresentado anteriormente. Atualmente, o engajamento nessas modalidades, nos mais diversos níveis, é incentivado também por Estados e seus governos, não só como potencial para a educação e para a construção de valores que se tornam importantes, como os pró-ambientais ou a vida fisicamente ativa, mas principalmente porque visto como nicho de mercado promissor, capaz de enriquecer economias, principalmente pela via do turismo.

Mas no caso da prática regular, a autora se apoia em Rojek (1995) quando afirma que o lazer não pode ser analisado apartado das lógicas do trabalho e contexto mais amplo no qual está inserido, principalmente o consumo, para explicar esses tipos de identidade não mais necessariamente determinada por pertencimento de classe, embora influenciado por ele. Acrescento aqui que no senso comum alguns perfis de entusiastas operam a noção de estilo de vida muito mais baseada no consumo de produtos temáticos (tais como roupas, calçados, carros, filmes, programas de televisão e música) e nem tanto na prática de dada modalidade.

Distorções à parte, entre os praticantes regulares de fato, Wheaton (2004) também cita Stebbins (1992), em sua ideia de lazer sério, para explicar o comprometimento dos adeptos à suas modalidades, devido à necessidade de dedicação técnica para a gestão do risco de morte. A noção de estilo de vida também era operada com frequência pelos estudados de meus trabalhos anteriores, seja nas representações dessas práticas na mídia (BANDEIRA, 2009), no surfe (BANDEIRA, 2011) e na ideia mais geral de aventura em um destino turístico multiesportivo (BANDEIRA, 2012b). Entretanto – e a partir desses campos empíricos –, é importante ressaltar três divergências que tenho com Wheaton (2004).

A primeira é que, na maioria das vezes, ao menos em português, o termo usado pelos praticantes ou adeptos é "estilo de vida" e não "esporte de estilo de vida", como o termo possível em inglês: *lifestyle sports*. Mas isso não se deve apenas às possibilidades do idioma. Em minhas pesquisas notei que eles diziam que sua prática é seu esporte, seu turismo, seu lazer e, eventualmente, seu trabalho. Portanto, estilo de vida era usado com o intuito de esclarecer que concebem tal prática como mais que um esporte, não restrita à ideia de esporte, como noção maior do que qualquer uma das categorias acima listadas.

Minha segunda ponderação é que a noção de estilo de vida não se aplica a todos os adeptos. Em tempos de massificação, quando a preocupação dos estudos científicos também precisa se voltar para a iniciação de leigos e a audiência, não se pode mais investigar apenas grupos de praticantes experientes e "exóticos", fechados em suas "subculturas". Aliás, a própria Wheaton (2004) concorda com a expansão da prática desses tipos de atividades e diversificação de perfis de participantes. Então uma prática corporal seria o eixo norteador da vida dos *"core participants"* apenas e não de todos os possíveis interessados em uma determinada modalidade esportiva.

Finalmente, a terceira divergência é que vejo estilo de vida podendo ser um conceito aplicável em outras modalidades, não se restringe às de aventura e não confere a elas sua especificidade. Por exemplo, um praticante de futebol no Brasil, que participa do futebol de campo, quando na praia dedica-se ao futebol de areia, em outros ambientes joga pebolim e futebol de botão, coleciona camisas de clubes, assiste na televisão majoritariamente programas de jornalismo esportivo dedicados ao futebol, vai ao estádio, acompanha campeonatos em níveis local, estadual, nacional e internacional, compõe músicas ou pinta quadros que expressam futebol e não divide a centralidade do futebol, nas mais variadas formas de manifestação em sua vida, com nenhuma outra modalidade, não teria o futebol como estilo de vida? E assim também os aficionados por futebol americano, beisebol ou basquete nos Estados Unidos, ou por rugby, criquet e netball na Nova Zelândia, para mencionar campo em que a autora trabalha atualmente.

No Brasil, corroborando diversas características listadas por Wheaton (2004), Dias, Melo e Alves Junior (2007), mesmo considerando a presença e a peculiaridade do risco, advogaram em favor do termo esportes na natureza; enquanto Pereira, Armbrust e Ricardo (2008) optaram por esportes radicais como expressão mais ampla a abarcar tanto os desafios de jornada (aventura) quanto os de manobras pontuais (ação). Esportes de ação é também a opção terminológica de Holly Thorpe, coautora recente de Belinda Wheaton. Entretanto, com o tempo e as políticas públicas, ambos grupos de autores acabaram priorizando a expressão aventura em suas obras subsequentes.

Adicionalmente, Pimentel (2013a) opta pela expressão atividades de aventura para não reduzir a análise apenas às manifestações esportivas. Em sentido semelhante, em Bandeira (2016) opto pelo termo atividades de aventura quando não remetem à dedicação de formação técnica e a práticas de aventura quando denotam compromisso e autonomia na modalidade.

À parte o debate sobre a precisão conceitual, outro debate está presente recentemente. Além de Rinehart e Sydnor (2003) e Wheaton (2004) já alertarem para o perfil elitista da maioria dos adeptos de práticas de aventura (brancos, homens, de classes abastadas): aquele sobre a dimensão política da gestão do risco, peculiar a essas atividades. Humberstone (2009) alertava que quando se terceiriza a gestão do risco na prática de aventura ao guia ou à agência turística, o potencial pedagógico do risco é diminuído, quando não perdido, e a não autorresponsabilização e não aprendizado técnico podem deixar os clientes da aventura muito vulneráveis ao erro do trabalhador de aventura contratado.

Dias (2009) dedicou-se a pensar pressupostos gerais para políticas públicas nacionais brasileiras de promoção e regulação diferenciadas das convencionais para os esportes na natureza em critérios muito semelhantes aos de Wheaton (2004): mais baseadas em amadorismo, não competição e auto-organização menos institucionalizadas. Mas a olimpização recente passa a desafiar essa caracterização. Gilchrist e Wheaton (2011) debateram as polêmicas das políticas de promoção em contexto no qual a juventude inglesa passou a demandar atividades tais como *parkour* e *skate* e deixou de participar das antes mais procuradas (como esportes clubísticos coletivos com bola), mas o poder público não sabia como lidar com o risco enxergado como maior nas primeiras modalidades citadas.

Entretanto, no Brasil, a questão ambiental tem sido mais estudada na interface com as políticas públicas do que a gestão de risco (AMARAL, 1999; SÁ, 2011; BAHIA; FIGUEIREDO, 2014), o que justificou o projeto do qual este texto é parte e em diálogo com Pimentel (2013b), que problematiza as relações de poder e interesses em disputa na elaboração dos primeiros projetos de lei brasileiros sobre o assunto, processo aprofundado por Bandeira (2016) em comparação ao caso neozelandês. Projeto que também proporcionou capítulo na coletânea de Carnicelli e Turner (2017), pioneira em reunir, em chamada pública, iniciativas de todo o mundo e sobre os mais variados aspectos políticos das atividades de lazer de aventura em diferentes países.

No Brasil, ainda há quem utilize a expressão radical para modalidades mais orientadas a desafios físicos relacionados a manobras e ambientes urbanos (arenas construídas ou apropriações lúdicas do espaço público das cidades) e a expressão aventura para desafios que remetem à exposição ao desconhecido em formato de expedição, frequentemente relacionada aos ambientes naturais, assim como as definições oficiais brasileiras elaboradas pela Comissão de Esporte de Aventura do Ministério do Esporte, criada em 2006, e publicadas no Diário Oficial da União em 2007, que não ficaram muito conhecidas. Já a Base Nacional Comum Curricular de 2018 opera a unificação terminológica e concebe práticas corporais de aventura em ambiente urbano e/ou natural como conteúdos obrigatórios da Educação Física escolar, tamanha a relevância sóciohistórica que passaram a ter as práticas corporais objeto desse capítulo, passando os riscos que proporcionam agora a não mais serem diferenciação, subversão, e/ou exceção, mas a estarem curricularizados e olimpizados, o que nos trará novas questões conceituais a serem analisadas.

CONSIDERAÇÕES FINAIS

Considerando-se que há práticas corporais de lazer na natureza e estilos de vida esportivas não arriscados e que também as expressões *radical* e *ação* nomeiam fenômenos diversos, sugiro o uso do termo aventura como mais preciso quando se quiser considerar o risco da exposição ao imprevisível e incontrolável da exposição a conformações geográficas, fenômenos climáticos, flora e fauna desafiadores à presença humana. A expressão atividades de aventura pode ser usada para se referir a qualquer nível de envolvimento e participação com tais modalidades, podendo ser um passatempo ou experiência pontual, como no turismo esporádico. Já o termo práticas de aventura ou práticas corporais de aventura (que alguns autores passam a sinalizar por PCA), pode ser sugerido para quando se quiser conotar envolvimento técnico significativo e aprendizado duradouro e/ou crítico e analítico.

Complementarmente, notei que as siglas AFAN (atividades físicas de aventura na natureza) e PCA, embora difundidas no meio acadêmico, ao menos em meus campos de pesquisa, não foram reconhecidas entre praticantes pioneiros e trabalhadores da aventura fora da universidade/escola e na interface com o turismo. E que as versões olímpicas envolvem maior controle dos riscos e detalhamento de regras.

Além disso, a revisão aqui revisitada demonstra que são várias as realidades das dimensões políticas e políticas públicas de/para práticas de aventura, e sugere que a aventura orientada por professores de educação física bem capacitados seja com intenção de democratização do acesso, garantia da adequada gestão do risco, assegurado o mínimo impacto ambiental e promoção de educação e saúde socioambiental conjunta ao desafio físico, seja ela exploratória e de lazer não competitivo ou coadunada ao movimento olímpico.

REFERÊNCIAS

AMARAL, S. C. Poder local, meio ambiente e lazer: possibilidades desta relação em Porto Alegre. **Conexões**, Campinas, p. 49-58, 1999.

BAHIA, M.; FIGUEIREDO, S. Lazer em áreas verdes públicas urbanas: as vivências na praça Batista Campos em Belém. **Revista Brasileira de Estudos do Lazer**, Belo Horizonte, v. 1, n. 1, jan./abr. 2014. Disponível em: https://periodicos.ufmg.br/index.php/rbel/article/view/436. Acesso em: 28 nov. 2023.

BANDEIRA, M. Os novos esportes e a cobertura jornalística: o caso da Folha de São Paulo. *In*: DIAS, Cleber; DRUMMOND. Edmundo (org.). **Em busca da aventura**: múltiplos olhares sobre esporte, lazer e natureza. Rio de Janeiro: Editora da Universidade Federal Fluminense, 2009. p. 125-140.

BANDEIRA, M. O imaginário do Surfe Revisitado. *In*: PEREIRA, E.; SCHWARTZ, G.; FREIRAS, G.; TEIXEIRA, J. **Esporte e turismo**: parceiros da sustentabilidade nas atividades de aventura. Pelotas: Universidade Federal de Pelotas, 2012a. p. 75-94.

BANDEIRA, M. "**No galejo da remada**": estudo etnográfico sobre a noção de aventura em Brotas/SP. 2012b. 199 f. Dissertação (Mestrado em Antropologia Social) – Universidade Federal de São Carlos, São Carlos, 2012b.

BANDEIRA, M. Territorial disputes, identity conflicts, and violence in surfing. **Motriz – Revista de Educação Física**, Rio Claro, v. 20, p. 16-25, 2014.

BANDEIRA, M. **Políticas públicas para o lazer de aventura:** entre esporte e turismo, fomento e controle do risco. 2016. 233 f. Tese (Doutorado em Educação Física) – Universidade Estadual de Campinas, Campinas, 2016.

BANDEIRA, M. M; BASTOS, A. S; AMARAL, S. C. Anônimos supercampeões: a equipe de rafting Bozo D'água e a caracterização dos esportes de aventura. **Motrivivência**, Florianópolis, v. 30, p. 156-176, 2018. Disponível em: https://periodicos.ufsc.br/index.php/motrivivencia/article/view/2175-8042.2018v30n55p156. Acesso em: 28 nov. 2023.

BANDEIRA, M. Provocações das práticas de lazer de aventura à antropologia: entre esporte e turismo, ou não. *In*: CAMARGO, W.; SILVA, M.; ROJO, L. F. **Vinte anos de diálogos**: os esportes na antropologia brasileira. Brasília: ABA Publicações, 2021. p. 193-208. Disponível em: https://www.portal.abant.org.br/aba/publicacoes/publicacao-431504. Acesso em: 28 nov. 2023.

BECK, U. **Sociedade de risco**: rumo a uma outra modernidade. São Paulo: Editora 34, 2010.

BOURDIEU, P. Programa para uma sociologia do esporte. *In*: BOURDIEU, P. **Coisas ditas**. São Paulo: Brasiliense, 1990. p. 207-220.

CAILLOIS, R. **Os jogos e os homens**: a máscara e a vertigem. Lisboa: Cotovia, 1990.

COSTA, V. L. **Esportes de aventura e risco na montanha**: um mergulho no imaginário. Barueri: Manole, 2000.

CSIKSZENTMIHALYI, M. Play and intrinsic rewards. **Journal of Humanistic Psychology** [online], [*S. l.*], 1975. Disponível em: https://psycnet.apa.org/record/1977-03308-001. Acesso em: 28 nov. 2023.

DIAS, C.; MELO, V.; ALVES JUNIOR, E. Os estudos dos esportes na natureza: desafios teóricos e conceituais. **Revista Portuguesa de Ciências do Desporto**,

Porto, v. 7, n. 3, dez. 2007. Disponível em: https://rpcd.fade.up.pt/_arquivo/artigos_soltos/vol.7_nr.3/1-09.pdf. Acesso em: 28 nov. 2023.

DIAS, C. Que política para os esportes na natureza? *In*: ESPÍNDULA, Brande (org.). **Políticas de esporte para juventude**: contribuições para debate. São Paulo: Centro de Estudos e Memória da Juventude. Instituto Pensarte, 2009. p. 91-100.

EHRENBERG, A. **O culto da performance**: da aventura empreendedora à depressão nervosa. Aparecida: Ideias e Letras, 2010.

ELIAS, N.; DUNNING, E. **A busca da excitação**. Lisboa: Difel, 1992.

FERNANDES, R. Esportes radicais: referências para um estudo acadêmico. **Conexões – Educação, Esporte, Lazer**, Campinas, v. 1, n. 1, p. 96-105, jul./dez. 1998.

GILCHRIST, P.; WHEATON, B. Lifestyle sport, public policy and youth engagement: Examining the emergence of parkour. **International Journal of Sport Policy and Politics**, United Kingdom, v. 3, n. 1, p. 109-131, 2011.

GIDDENS, A. **Modernity and self-identity**: self and society in the late modern age. Standford: Stanford University Press, 1991.

GUTTMANN, A. **From ritual to record**: the nature of modern sports. Columbia: New York University Press, 2004.

HUMBERSTONE, B. Inside/outside the Western 'Bubble': the nexus of adventure, adventure sports and perceptions of risk in UK and Mauritius. *In*: ORMROD, J.; WHEATON, B. (ed.). **On the edge**: leisure, consumption and the representation of adventure sports. Eastbourne, UK: Leisure Studies Association, 2009.

LE BRETON, D. **Condutas de risco**: dos jogos de morte ao jogo de viver. Campinas: Autores Associados, 2009.

LÉVI-STRAUSS, C. Raça e história. *In*: LÉVI-STRAUSS, C. **Antropologia estrutural II**. Rio de Janeiro: Tempo Brasileiro, 1976. p. 328-366.

LÉVI-STRAUSS, C. **Tristes trópicos**. Lisboa: Ed. 70; São Paulo: Martins Fontes; 1981.

LYNG, S. Edgework: a social psychological analysis of voluntary risk taking. **American Journal of Sociology**, Chicago, p. 851-886, 1990.

MAUSS, M. As técnicas do corpo. *In*: MAUSS, M. **Sociologia e antropologia**. São Paulo: Cosac &. Naify, 2003 [1935]. p. 399-422.

MIDOL, M.; BROYER, G. Towards an anthropological analysis of new sport cultures: the case of whiz sports in France. **Sociology of Sport Journal** [online], [S. l.], v. 12, p. 204-212, 1995. Disponível em: https://journals.humankinetics.com/view/journals/ssj/12/2/article-p204.xml. Acesso em: 28 nov. 2023.

MIRANDA, R. **Motivação no trekking**: um caminhar nas montanhas. 2000. Tese (Doutorado em Educação Física) – Universidade Gama Filho, Rio de Janeiro, 2000.

PARLEBAS, P. **Elementos de sociología del deporte**. Málaga: Junta de Andaluzia, 1988.

PEREIRA, D.; ARMBRUST, I.; RICARDO, D. Esportes radicais de aventura e ação, conceitos, classificações e características. **Revista Corpoconsciência**, Santo André, v. 12, n. 1, p. 37-55, jan./jun. 2008.

PIMENTEL, G. A. Esportes na natureza e atividades de aventura: uma terminologia aporética. **Revista Brasileira de Ciências do Esporte** [online], Florianópolis, v. 35, n. 3, p. 687-700, jul./set. 2013a. Disponível em: https://www.scielo.br/j/rbce/a/w4WmkyJMtPrGCYCbmhSkcyP/?lang=pt. Acesso em: 28 nov. 2023.

PIMENTEL, G. A. Mecanismos de controle dos riscos em esportes de aventura. *In*: SILVA, P. da T. N.; SOUZA, S. A. R. de; NETO, I. C. (org.). **O desenvolvimento humano**: perspectivas para o século XXI. 1. ed. São Luiz do Maranhão: Universidade Federal do Maranhão, 2013b. p. 168-176.

POCIELLO, C. Os desafios da leveza: as práticas corporais em mutação. *In*: SANTÁNNA, Denise Bernuzzi de (org.). **Políticas do corpo**. São Paulo: Estação Liberdade, 1995. p. 115-120.

RINEHART, R. Emerging arriving sport: alternatives to formal sports. **Handbook of sports studies**, Sage: Londres, p. 504-520, 2000.

RINEHART, R.; SYDNOR, S. **To the extreme**: alternative sports inside and out. Albany: State University of New York Press, 2003.

ROJEK, C. **Decentring leisure**: rethinking leisure theory. Londres: Sage, 1995.

SÁ, S. M. **Cidade sustentável, políticas públicas e esporte de natureza**: um caminho a se trilhar. 2011. 227 f. Dissertação (Mestrado em Desenvolvimento e Meio Ambiente) – Universidade Federal da Paraíba, João Pessoa, 2011.

SEVCENKO, N. **Orfeu extático na metrópole**. São Paulo: Cia. das Letras, 1992.

SCHWARTZ, G. **Aventuras na natureza**: consolidando significados. Jundiaí: Fontoura, 2006.

SPINK, M. J. Aventura, liberdade, desafios, emoção: os tons do apelo ao consumo do risco-aventura. **Política & Trabalho**, [S. l.], v. 37, p. 45-65, 2012.

SPINK, M. J. Posicionando pessoas como aventureiros potenciais: imagens de risco-aventura em matérias de revista. **Psicologia e Sociedade**, [S. l.], v. 20, p. 50-60, 2008.

SPINK, M. J. Trópicos do discurso sobre o risco: risco-aventura como metáfora na modernidade tardia. **Cadernos de Saúde Pública**, Rio de Janeiro, v. 17, n. 6, p. 1277-1311, 2001.

SPINK, M. J. P.; CAÑAS, A.; SOUZA, D.; GALINDO, D. Onde está o risco? Os seguros no contexto do turismo de aventura. **Psicologia e Sociedade**, Porto Alegre, v. 16, n. 2, p. 81-89, 2004.

SPINK, M. J.; ARAGAKI, S.; ALVES, M. Da exacerbação dos sentidos no encontro com a natureza: contrastando esportes radicais e turismo de aventura. **Psicologia – Reflexão e Crítica**, v. 18, n. 1, p. 26-38, 2005.

STEBBINS, R. A. **Amateurs, professionals, and serious leisure**. Montreal & Kingston: McGill-Queen's University Press, 1992.

TURNER, D.; CARNICELLI, S. (org.). **Lifestyle sports and public policies**. Londres: Routledge, 2017.

VANREUSEL, B.; RENSON, R. Social stigma of high-risk sport subcultures. *In*: DUNLEAVY, A. O. *et al.* (ed.), **Studies in the sociology of sport**. Fort Worth: Texas Christian University Press, 1982. p. 183-202.

WHEATON, Belinda (ed.). **Understanding lifestyle sports**: consumption, identity and difference. London: Routledge, 2004.

SOBRE OS AUTORES

Bruno Modesto Silvestre

Doutorando em Educação Física pela Universidade Estadual de Campinas (Unicamp). Mestre em Educação Física pela Unicamp. Graduado em Educação Física e Ciências Sociais pela mesma instituição. Professor da Escola Superior de Educação Física da Universidade de Pernambuco (Esef-UPE). Tem experiência nas áreas de sociologia do lazer e políticas públicas em Educação Física. Participa do Grupo de Estudo e Pesquisa em Políticas Públicas e Lazer (GEPL) (Unicamp) e do Grupo Ethnós (Esef) (UPE).
Orcid: 0000-0002-4147-1306

Clara Mockdece Neves

Doutora e mestre em Psicologia pela Universidade Federal de Juiz de Fora (UFJF). Especialista em Aspectos Conceituais e Metodológicos da Pesquisa Científica pela UFJF. Graduada e licenciada em Educação Física pela UFJF. Professora adjunta da Faculdade de Educação Física e Desportos (Faefid) (UFJF). Professora colaboradora do Programa de Pós-Graduação Stricto Sensu (mestrado e doutorado) em Educação Física Associado na UFJF - Universidade Federal de Viçosa (UFV). Membro do Núcleo de Estudos Educação Física, Corpo e Sociedade (Necos) (UFJF-GV) e do Núcleo Interprofissional de Estudos e Pesquisas em Imagem Corporal e Transtornos Alimentares (Nicta) (UFJF-GV). Tem experiência no ensino da dança, ginástica artística, atividades circenses, acrobacia aérea em tecido e na área de Educação Física com ênfase em pesquisa, atuando, principalmente, nos seguintes temas: imagem corporal, insatisfação corporal, lazer, atletas, comportamento alimentar.
Orcid: 0000-0002-5240-6710

Dirceu Santos Silva

Doutor em Educação Física pela Universidade Estadual de Campinas (Unicamp), com estágio doutoral na University of Southampton. Mestre em Educação Física pela Universidade Federal do Espírito Santo (Ufes). Graduado em Educação Física pela Universidade Estadual de Santa Cruz (Uesc). Professor da Universidade Federal de Mato Grosso do Sul (UFMS), vinculado ao curso de graduação em Educação Física (Licenciatura e Bacharelado) e Pós-Graduação Stricto Sensu (Mestrado e Doutorado) em Educação (PPGEdu) (UFMS). Líder do Grupo de Pesquisa em Políticas Públicas de Esporte, Lazer, Educação e Saúde (GPPPELES) (UFMS). Atualmente, é secretário estadual do CBCE de Mato Grosso do Sul.

Orcid: 0000-0002-4557-4118

Fabiane Frota da Rocha Morgado

Doutora em Educação Física pela Universidade Estadual de Campinas (Unicamp). Mestre em Educação Física pela Universidade Federal de Juiz de Fora (UFJF). Especialista em Aspectos Metodológicos e Conceituais da Pesquisa Científica pela UFJF. Licenciatura Plena em Educação Física pela Universidade Federal Rural do Rio de Janeiro (UFRRJ). Professora Adjunta do Departamento de Educação Física e Desportos do Instituto de Educação da UFRRJ. Professora permanente do Programa de Pós-Graduação Stricto Sensu em Educação, Contextos Contemporâneos e Demandas Populares (PPGEduc) (UFRRJ). Líder do Grupo de Estudos e Pesquisas em Aspectos Psicossociais do Corpo (Gepac) (CNPq). Possui atuação nas seguintes áreas de pesquisa: aspectos psicossociais do movimento humano, imagem corporal, corporeidade, gênero, diversidade, representações sociais, psicometria, educação física escolar.

Orcid: 0000-0002-3969-9029

Fernanda Dias Coelho

Doutoranda em Gênero e Educação Física na Universidade Federal de Juiz de Fora (UFJF) e MBA em Marketing e Gestão de Negócios Digitais pela BeAcademy. Mestre em Educação Física da UFJF (Área de Concentração: Aspectos Socioculturais do Movimento Humano). Especialista em Cinesiologia e Fisiologia do Exercício pela Universidade Veiga de Almeida (2009). Bacharel e licenciada em Educação Física pela Universidade Federal de Viçosa (UFV) Universidade Federal de Viçosa (UFV). Leciona disciplinas de graduação e pós-graduação em Educação Física. CEO & Founder da *startup* Deixa Ela Treinar.

Orcid: 0000-0002-8002-9510

Juliana Fernandes Filgueiras Meireles

Senior Research Assistant no Department of Family and Community Medicine na School of Community Medicine da University of Oklahoma, Tulsa, EUA (2022-atual). Postdoctoral Research Scholar no Department of

Exercise Science and Sport Management na Kennesaw State University, Kennesaw, Georgia, EUA (2020-atual). Doutora e mestre em Psicologia pela Universidade Federal de Juiz de Fora (UFJF). Especialista em Aspectos Conceituais e Metodológicos da Pesquisa Científica pela UFJF. Graduada e licenciada em Educação Física pela UFJF. Ministrou as seguintes disciplinas: Lutas, Psicologia do Esporte e do Exercício, Ginástica, Crescimento e Desenvolvimento, Ritmo e Dança e Processos de Ensino-Aprendizagem.

Orcid: 0000-0001-8396-6449

Leandro Teofilo de Brito

Doutor e pós-doutor em Educação pela Universidade do Estado do Rio de Janeiro (Uerj). Mestre em Educação pela UFRJ (Universidade Federal do Rio de Janeiro). Especialista em Desportos de Campo e Quadra, especialista em Saberes e Práticas na Educação Básica. Licenciado em Educação Física. Professor Adjunto da Universidade Federal do Rio de Janeiro (UFRJ). Atualmente, é graduando em Pedagogia pela Uerj. Realiza pesquisas nas áreas de Educação e Educação Física sobre os temas gênero e sexualidade, com ênfase no campo de estudos sobre homens e masculinidades. Coordenador Adjunto do Grupo de Trabalho Temático Gênero (GTT-07) do Colégio Brasileiro de Ciências do Esporte (CBCE) no ciclo 2022-2023. Membro da Associação Nacional de Pós-Graduação e Pesquisa em Educação (ANPEd) com vinculação ao Grupo de Trabalho Gênero, Sexualidade e Educação (GT-23).

Orcid: 0000-0002-9123-5280

Ludmila Mourão

Doutorado em Educação Física e pós-doutorado na Universidade do Porto (Fadeup) (2019-2020). Lecionou na Educação Básica e, atualmente, atua como professora e pesquisadora na Universidade Federal de Juiz de Fora (UFJF) – Faculdade de Educação Física e Desportos. Está vinculada à graduação e como professora permanente do Programa de Pós-Graduação Stricto-Sensu em Educação Física na Faculdade de Educação Física e Desporto da UFJF, na linha de Pesquisa Estudos dos Esportes e suas manifestações. Líder do Grupo de Pesquisa Gênero, Educação Física, Saúde e Sociedade (GEFSS) (UFJF/CNPq). Pesquisadora dos estudos das mulheres no esporte, gênero nas atividades físico-desportivas e educação física escolar.

Orcid: 0000-0003-0893-7511

Maurício Almeida

Doutorando em Educação Física pela Universidade Federal de Juiz de Fora (UFJF) - Universidade Federal de Viçosa (UFV). Mestre em Educação Física pela UFJF-UFV. Especialista em Mídias na Educação e em Esportes e Atividades Físicas Inclusivas para Pessoas com Deficiência pela UFJF. Especialista em Docência do Ensino Superior, Psicomotricidade e Atividade Física para Grupos Especiais (Faculdade Futura) e Educação e Novas Tecnologias (Uninter). Licenciado em Educação Física pela Universidade Presidente Antônio Carlos de Governador Valadares (Unipac-GV) e Bacharelado em Educação Física pelo Centro Universitário Leonardo da Vinci (Uniasselvi). Membro do Núcleo de Estudos Educação Física, Corpo e Sociedade (Necos/UFJF-GV/CNPq) e do Núcleo Interprofissional de Estudos e Pesquisas em Imagem Corporal e Transtornos Alimentares (Nicta/UFJF-GV/CNPq).

Orcid: 0000-0002-6153-1011

Maria Elisa Caputo Ferreira

Doutora e pós-doutora em Educação pela Universidade de São Paulo (USP). Mestre em Educação Física pela Universidade Gama Filho e Mestre em Ciência da Motricidade Humana pela Universidade Castelo Branco. Especialista em Docência Universitária pela Universidade Castelo Branco. Licenciada em Educação Física pela Universidade Federal de Juiz de Fora (UFJF) e bacharel em Serviço Social pela Faculdade de Serviço Social do Rio de Janeiro. Atualmente, é professora titular da Faculdade de Educação Física e Desportos (Faefid) (UFJF). Professora permanente do Programa de Pós-Graduação Stricto Sensu (mestrado e doutorado) em Educação Física Associado UFJF - Universidade Federal de Viçosa (UFV) e do Programa de Pós-Graduação Stricto Sensu em Psicologia (mestrado e doutorado) da UFJF. Líder do grupo de pesquisa Corpo e Diversidade da UFJF (CNPq) e membro do Núcleo de Estudos Educação Física, Corpo e Sociedade (Necos) (UFJF - GV/CNPq). Bolsista de Produtividade em Pesquisa 1D - CNPq.

Orcid: 0000-0002-3294-7560

Paula Costa Teixeira

Doutora em Neurociências e Comportamento pelo Instituto de Psicologia da Universidade de São Paulo (USP). Especialista em teorias e técnicas para Cuidados Integrativos pela Universidade Federal de São Paulo (Unifesp).

Licenciada plena em Educação Física pelo Centro Universitário UniFMU. Certificada em Intuittive Eating by Evelyn Tribole, no método das cadeias musculares (GDS), em facilitação de técnicas de Meditação Ativa, em Práticas de Atenção, Concentração e Contemplação (Palas Athena) e em Nutrição Comportamental. Idealizadora do Exercício Intuitivo Integrativo®. Membro do Grupo Especializado em Nutrição, Transtornos Alimentares e Obesidade (Genta). Colabora com as seguintes instituições: Programa de Transtornos Alimentares (Ambulim) do Instituto de Psiquiatria do Hospital das Clínicas de São Paulo (pesquisa, ensino e atendimento voluntário aos pacientes), Nutrição Comportamental (ensino e pesquisa), Associação Brasileira de Transtornos Alimentares (ASTRALBR) (pesquisa, ações de conscientização e prevenção) e Centro de Estudos do Laboratório de Aptidão Física de São Caetano do Sul (CELAFISCS) (pesquisa).

Orcid: 0000-0001-5988-5358

Priscila Figueiredo Campos

Doutoranda em Educação Física pela Universidade Federal de Juiz de Fora (UFJF) - Universidade Federal de Viçosa (UFV). Vinculada ao Health & Development Lab - Florida International University, em doutorado sanduíche. Mestre em Educação Física pela UFJF-UFV. Especialista em Fisiologia do Exercício Avançada pela Universidade Veiga de Almeida. Graduada em Educação Física pela UFV. Experiência com docência universitária na Faculdade Única de Ipatinga, UFJF - Campus Governador Valadares, e Universidade Vale do Rio Doce (Univale). Membro do Núcleo Interprofissional de Estudos e Pesquisas em Imagem Corporal e Transtornos Alimentares (Nicta) (UFJF) (CNPq). Atualmente, desenvolve pesquisas relacionadas aos aspectos socioculturais e o corpo, corporeidade, imagem corporal, adaptação/validação/criação de instrumentos de medida em imagem corporal, esporte e saúde.

Orcid: 0000-0002-2235-7129

Rebeca Signorelli Miguel

Doutora em Educação pela Universidade Estadual de Campinas (Unicamp). Mestre em Educação Física pela Unicamp. Licenciada e Bacharel em Educação Física pela Unicamp. Professora da Universidade do Estado de Minas Gerais (UEMG) no curso de Educação Física, Unidade Acadêmica Passos - MG. Foi professora de Educação Física na Educação Básica pública por 10 anos. Atua, principalmente, nos seguintes temas: escola, educação física escolar, esporte, políticas públicas e megaeventos esportivos. Coordena o Laboratório de Pesquisas Pedagógicas e Socioculturais em Educação Física (Lapes).

Orcid: 0000-0002-8058-2527

Tayane Mockdece Rihan

Mestre em Educação Física Universidade Federal de Juiz de Fora (UFJF) - Universidade Federal de Viçosa (UFV). Especialista em Dança e Consciência Corporal pela Universidade Gama Filho (UGF). Graduada em Educação Física pela Faculdade Metodista Granbery (FMG). Professora registrada na Royal Academy of Dance. Participante do grupo de estudos Gênero Educação Física Saúde e Sociedade (GEFSS) (UFJF).

Orcid: 0000-0001-5611-6158